AF240828

DANS L'OMBRE CHAUDE

DE L'ISLAM

Isabelle EBERHARDT & Victor BARRUCAND

DANS L'OMBRE CHAUDE

DE L'ISLAM

HUITIÈME MILLE

PARIS

LIBRAIRIE CHARPENTIER ET FASQUELLE

EUGÈNE FASQUELLE, ÉDITEUR

11, RUE DE GRENELLE, 11

1921

DANS L'OMBRE CHAUDE DE L'ISLAM

ÉLOIGNEMENT

Aïn-Sefra, mai 1904.

J'avais quitté Aïn Sefra l'an dernier aux souffles
de l'hiver. Elle était transie de froid, et de grands
vents glapissants la balayaient, courbant la nudité
frêle des arbres. Je la revois aujourd'hui tout autre,
redevenue elle-même, dans le rayonnement morne
de l'été : très saharienne, très somnolente, avec
son ksar fauve au pied de la dune en or, avec ses
koubba saintes et ses jardins bleuâtres.

C'est bien la petite capitale de l'Oranie déser-
tique, esseulée dans sa vallée de sable, entre
l'immensité monotone des Hauts-Plateaux et la
fournaise du Sud.

Elle m'avait semblé morose, sans charme, parce
que la magie du soleil ne l'enveloppait pas de
l'atmosphère lumineuse qui est tout le luxe des

1

villes d'Afrique. Et maintenant que j'y vis en un petit logis provisoire, je commence à l'aimer. D'ailleurs, je ne la quitterai plus pour un maussade retour vers le Tell banalisé, et cela suffit pour que je la regarde avec d'autres yeux. Quand je partirai, ce ne sera que pour descendre plus loin, pour m'en aller là-bas, vers le grand Sud, où dorment les « hamada » sous l'éternel soleil.

Parmi les peupliers à troncs blancs, en longs sentiers, suivant les premières ondulations de la dune, avec des parfums retrouvés de sève et de résine, j'ai l'illusion de me perdre en forêt. C'est une sensation très douce et très pure que teinte par moments de sensualité l'haleine plus lointaine d'un bouquet d'acacias en fleurs. — Que j'aime la verdure exubérante et les troncs vivants, plissés d'une peau d'éléphant, de ces figuiers gonflés de lait amer, autour desquels bourdonnent des essaims de mouches dorées !

Dans ce jardin surpris en pleine aridité j'ai passé des heures longues, couchée à la renverse, me grisant d'immobilité sous la caresse tiède des brises, à regarder les branches, à peines agitées, aller et venir sur le fond éblouissant du ciel, comme les agrès d'un navire balancé doucement.

Au delà des derniers peupliers, déjà plus grêles et plus rabougris, la piste de sable monte et finit brusquement au pied de la dune immaculée, qui semble en poudre d'or fin.

Là, les vents du ciel se jouent librement, édifiant des collines, creusant des vallées, ouvrant des précipices, créant, au caprice de chaque jour, de nouveaux paysages éphémères.

Tout en haut, hasardeusement posé sur un coteau un peu plus stable, avec ses arêtes de pierres noires, un « blockhaus » rougeâtre veille sur la vallée, sentinelle aux yeux vides, qui a vu passer des armées et des bandes pillardes, et qui regarde maintenant le silence et la paix des horizons vagues.

La dune d'un rouge doré ardent tranche violemment sur le fond bleu et sévère du Djebel Mektar. Le jour finit doucement sur Aïn-Sefra, noyée de vapeurs légères et de fumées odorantes. J'éprouve la sensation de mélancolie délicieuse et d'étrange rajeunissement des veilles de départ. Tous les soucis, le lourd malaise des derniers mois dans la fastidieuse et énervante Alger, tout ce qui constituait mon noir, mon « cafard », est resté là-bas.

A Alger, j'avais dû mépriser des choses et des gens. Je n'aime pas à mépriser. Je voudrais tout comprendre et tout excuser. Pourquoi faut-il se défendre contre la sottise, quand on n'a rien à lui disputer, quand on n'est pas de la partie!

Je ne sais plus. — Ces choses ne m'intéressent pas : le soleil me reste et la route me tente. Ce serait pour un peu toute une philosophie.

Plus près de moi, j'avais eu l'occasion de voir grandir, dans une âme que je croyais plus affranchie, une passion pure et forte, et je disais à mon ami : « Prenez garde, quand on est heureux on ne comprend plus rien aux souffrances des autres... »

Il partit vers le bonheur, du moins le croyait-il, et moi vers ma destinée.

Maintenant je me suis éloignée, et je sens mon âme redevenir plus saine, naïvement ouverte à toutes les joies, à toutes les sensualités délicates des yeux et du rêve.

Je retrouve dans la seule rue arabe du village des impressions calmes de « chez moi », qui datent du mois de ramadhân, l'an passé.

Beaucoup de visages connus, sur les bancs et sur les nattes, devant les cahouadji. Beaucoup de saluts à échanger amicalement.

Et, avec cela, la joie intime de penser que je vais partir demain, dès l'aube, et quitter toutes ces choses, qui pourtant me plaisent ce soir et me sont douces.

Mais qui donc, sauf un nomade, un vagabond, pourrait comprendre cette double jouissance ?

Le cœur encore ému de tout ce qui m'avait prise

et que j'ai laissé, je me dis que l'amour est une inquiétude et qu'il faut aimer à quitter, puisque les êtres et les choses n'ont de beauté que passa ère.

Contre les barreaux en fer de la fenêtre d'un café maure, devant les pots de basilic, un rassemblement se forme peu à peu.

On y joue du chalumeau et j'entre : cette musique monotone et triste bercera ma rêverie et surtout me dispensera de parler...

Une salle carrée, peinte en bleu pâle, avec des panneaux roses. A droite, au fond, « l'oudjak » (1) en plâtre enfumé et, sur des rayons de bois, les tasses, les verres et les plateaux. Des bancs en bois et de banales tables en fer rouillé encombrent le café. Dans une cage un oiseau captif sommeille.

Étrange petit café saharien, que fréquentent les Marocains et les nomades ! L'assistance y est compacte. Parmi les Arabes, en burnous et haïks terreux, quelques spahis et des « mokhazni », cavaliers indigènes.

Les coudes aux genoux, tous se taisent, tournés attentivement vers le fond de la salle, où, sur un banc, les musiciens sont alignés.

Ceux-là sont des Beni-Guil du Chott Tigri.

Avec leurs loques rougeâtres et leurs sandales, ils ressemblent bien peu aux chanteurs et aux

(1) *Oudjak*, fourneau des cafetiers maures, en forme de petit portail voûté.

musiciens des Hauts-Plateaux algériens, qui portent, comme les lettrés, des vêtements propres,
et, avec des essais de coquetterie arabe, des gi-
lets brodés et des cordons de soie dans les cordelettes du turban. Ces musiciens de l'Ouest conservent le type de leur race fruste, et leur collier de
barbe noire et raide donne à leur visage un faux
air hindou.

Pourtant, chez l'un deux, le voile épais qui
recouvre le turban blanc et évasé, encadre
une belle figure régulière, au nez aquilin et aux
narines nerveuses, avec des yeux de tristesse.
L'autre, joueur de flûte, est aveugle. Il met
toute son âme dans les plaintes et les susur-
rements de son roseau. Comme s'il y parlait, il
roule les globes ternes de ses yeux morts, et
son buste, avec un balancement cadencé, marque
la mesure. La troupe compte encore un vieux
batteur de tympanon et, un peu à l'écart, un
étrange chanteur, les yeux fermés, la tête ren-
versée, comme ivre.

Le seul luxe de ces miséreux consiste en deux
chalumeaux cerclés de cuir et d'anneaux de cuivre
poli, avec des tresses de soie bleue entremêlées
de chaînettes d'argent et de pièces de monnaie
marocaine.

Symphonie de la hamada inhospitalière !
Le tambourin prolonge à l'infini son battement

soura, à contre-temps, son battement de cœur humain tour à tour ému et courroucé, faiblissant, lassé et mourant voluptueusement. Brodant sur cette vie artérielle, les durs chalumeaux sonnent parfois des marches de guerre ou tiennent de longues notes mystérieuses qui ont l'air de planer, et les roseaux nasillent des murmures à peine distincts d'eau tranquille ou de brise tiède.

Les Beni-Guil qui circulent dans le village envahissent la salle, gauches, encombrants, gens du désert que les bancs et les tables étonnent.

Pourtant, ils sourient, ils sont fiers du succès de leurs frères parmi les « M'zanat » (1).

Sur un plateau posé à terre, les gros sous et les pièces blanches tombent avec un bruit clair. A chaque offrande, le joueur de tambourin bénit à la cantonnade la générosité du donateur.

Cependant les Beni-Guil se contentent d'encourager les musiciens par leur attitude et leurs exclamations approbatives. Bien rare celui qui se résigne à jeter un sou sur le plateau, après avoir longtemps fouillé dans sa « zaboula », sorte de sacoche en «filali» (cuir rouge du Tafilalet) que portent les nomades.

Mais voilà que l'un d'eux, tout jeune, se lève

(1) Terme de mépris par lequel les Marocains du Sud désignent les Algériens indigènes, qu'ils considèrent comme des renégats.

tout à coup et esquisse une danse cadencée, lente, le bout de son bâton noueux appuyé contre sa poitrine.

On rit de sa rusticité. Ce geste est celui d'un berger.

Le cafetier, les reins ceints d'une « fouta » rouge et verte, circule. présente ses breuvages fumants sur des plateaux et, chaque fois, il nomme tout haut celui qui a commandé le thé, en appelant sur lui la bénédiction du Rétributeur ..

MORT MUSULMANE

Le premier soleil du matin s'épanouit à l'horizon,
comme une grande fleur pourpre. La dune de sable,
piquée de touffes d'alfa, s'embrase autour de la
petite koubba de Sidi-Bou-Djemâa, qui domine la
route de Beni-Yaho et de Sfissifa. Des lueurs roses
s'allument à la crête des figuiers noirs, et les
grands saules pleurent des larmes d'argent irisé.

Autour de la koubba, des Arabes se lèvent. Ce
sont des pèlerins, venus de loin pour demander
la protection du grand saint. Ils se rangent tous,
face au jour levant, et prient longuement, avec les
beaux gestes graves du rite musulman qui grandit
les plus loqueteux.

Derrière le petit mur d'enceinte, les femmes
babillent déjà autour d'un feu de bois mort. Ce
sont des nomades, venues avec les hommes
de leur tribu. Elles se voilent à peine le visage.

Sous un arbre, un fou en haillons, appuyé sur
un bâton, psalmodie le Coran, au hasard, mêlant

des versets sans suite. Il est béau avec son visage
émacié, ses cheveux noirs, attachés autour du front
d'un lambeau de linge blanc, et ses grands yeux
ardents et inquiets, fixés sur un point invisible de
l'espace.

De temps en temps, du groupe des femmes part
le « you-you » cristallin des jours de fête.

Mais, au haut de la dune un cortège paraît.
Des Arabes s'avancent lentement, sur un chant
grave et cadencé.

Derrière le premier groupe, quatre hommes portent sur leurs épaules un brancard recouvert d'un
long drap blanc, et, à l'apparition de ce croyant
inconnu, qui s'en vient vers l'éternité, dans la
gloire du matin, tous les bruits se taisent.

Alors les hommes entrent dans le cimetière sans
clôture.

Parmi les tombes essaimées dans la dune, parmi
ces pierres anonymes et sans dates, une fosse
est creusée, rapidement, si rapidement dans le
sable léger ! Et sur le bord de ce petit fossé on
pose le mort, face au soleil.

Maintenant, en demi-cercle, les musulmans
prient leur dernière prière, à voix basse, sans se
prosterner.

Très vite, sur une simple rangée de briques,
on remblaie la fosse, et on plante trois palmes
vertes dans le sable du tertre que la brise

fraîche entame déjà... Tout le monde s'en va.
Que c'est simple de mourir !

A côté de moi, Si Abdelali, un lettré de Marakech, se met à chanter à mi-voix une complainte ancienne sur le sort de ceux qui ne sont plus.

Voici : je suis mort, mon âme a quitté mon corps.
On a pleuré sur moi les larmes du dernier jour.
Quatre hommes m'ont pris sur leurs épaules,
En attestant leur foi au Dieu unique.
Ils m'ont porté jusqu'au cimetière,
Ils ont prié sur moi la prière sans prosternation,
La dernière des prières de ce monde.
Ils ont rejeté sur moi la terre.
Mes amis sont partis comme s'ils ne m'avaient jamais connu,
Et je suis resté seul dans les ténèbres de la tombe,
Où il n'y a ni joie, ni chagrins, ni lune, ni soleil.

Je n'ai plus eu d'autre compagnon que le ver aveugle.
Les larmes ont séché sur les joues de mes proches,
Et les épines sèches ont poussé sur ma terre.
Mon fils a dit : « Dieu lui accorde sa miséricorde ! »
Sachez que celui qui est parti vers la miséricorde de son Créateur
Est en même temps sorti du cœur des créatures.
Sachez que nul n'a souci des absents dans la demeure des morts.

O toi qui es devant ma tombe,
Ne t'étonne pas de mon sort :
Il fut un temps où j'étais comme toi,
Viendra le temps où tu seras comme moi.

L'air de cette complainte est mélancolique et doux, la voix du taleb harmonieuse... Et je regarde le petit tertre abandonné là, pour toujours, dans le vide du désert de sable.

... Nous allions à Sfissifa, un petit bourg tout musulman, sans un seul Européen, sans même un juif.

Encore les rochers sombres du Sud-Oranais, et, dans l'intérieur du ksar, une vie délabrée, des murs de pisé qui s'écroulent, des faces de momies qui se voilent. Tout tombe en ruines, mais nous goûtons un sommeil très doux sous un large grenadier, dans l'éblouissement du soleil déjà haut...

Là je vous retrouvai, si curieusement, ksouriens malingres, au teint blafard et aux attitudes humbles, aux vêtements efféminés, race dégénérée par la vie sédentaire entassée et par la consanguinité séculaire des mariages ! Je vous revis, ksour tombant en ruines, à l'ombre des jardins délicieux que le désert envahit peu à peu et dévore. Et je pensai qu'il est aussi des peuples qui ont l'air de mourir.

Au retour, le soleil venait de disparaître, mais une grande clarté rouge baignait encore la vallée.

Nous repassons devant Sidi-Bou-Djemâa.

Un silence profond, un silence qu'on sent, presque une angoisse, pèse sur la koubba et sur le cimetière, où, parmi les petites pierres anonymes s'élèvent quelques tombeaux maraboutiques, rectangles frustes de terre sèche.

La porte est close, et devant s'est assis un vieux mendiant, son bâton posé contre le mur. Doucement, dans l'ombre de sa cécité, il marmonne des mots sans accent, comme s'il se racontait des choses à soi-même.

Sur la hauteur, deux mokhazni en burnous noirs sont descendus de cheval et prient, tout seuls, dans le dernier rayonnement du jour.

Un chien enchaîné tend vers le ciel son museau de loup aux petits yeux sanglants et obliques, et pousse un long aboiement, une sorte de lamentation d'une tristesse infinie.

EN ROUTE

Après une courte nuit lunaire passée sur une
natte, devant le café maure du « Makhzen », au
ksar de Beni-Ounif, je m'éveille heureuse, avec
cette griserie légère qui me prend quand j'ai
dormi dehors, sous le grand ciel, et quand je vais
me remettre en route.

Assise sur une pierre, au bord de la route,
j'attends Djilali ould Bahti, le mokhazni qui
m'accompagnera sur la route de Béchar.

Aller à Béchar ! Dépasser enfin cette limite fati-
dique de Beni-Ounif, cela suffit pour que je me
sente calme et joyeuse, pour que l'ennui qui commençait à m'envahir à Aïn-Sefra achève de se dissiper...

Le temps passe, et ce Djilali tarde à venir.

Le jour se lève, un jour splendide d'été, sans un
nuage, sans une brume. Une brise fraîche, qui
souffle depuis hier soir, a chassé toutes les pous-

sières, toutes les vapeurs. Le ciel s'ouvre, infini, profond, d'une transparence verte d'océan tranquille.

A l'horizon, dans tout ce vert doré, une lueur plus jaune et plus ardente monte, passant bientôt à l'orangé vif, puis au rouge. En face, dans l'occident obscur, la lune descend, livide, comme le visage d'un mourant.

Tout près de nous, la grande koubba blanche de Sidi Slimane se profile en or, sur le cuivre encore vert du ciel. Des rayons orangés baignent le sol sombre, les tombeaux et les maisons lézardées.

Enfin Djilali arrive, et nous partons, tournant nos chevaux vers la lune qui s'éteint.

Ce mokhazni est un grand garçon brun, bonne et franche figure de nomade Tarfaoui (1) de Géryville. Il est avenant et « dégourdi », et sera pour moi un bon compagnon de route.

... Nous cheminons dans la vallée de pierre noire, entre le Djebel Grouz, encore tout irisé, et les basses collines brûlées du Gara.

Vers la droite passe la jolie petite palmeraie de Mélias, assoupie avec ses « séguia » et ses bassins limpides, à l'entrée d'une gorge profonde du Grouz.

L'an dernier, les bandes de pillards pour-

(1) De la tribu des Trafi

chassées venaient s'abreuver là, dans ces jardins déserts, si paisibles et si souriants aujourd'hui.

A mesure que nous nous éloignons de la stérilité de Beni-Ounif, l'alfa apparaît sur le sol sablonneux. Des oueds se creusent, remplis d'arbustes de plus en plus touffus. Quelques grands lentisques, — l'arbre providentiel des solitudes ardentes — y promènent leur ombre circulaire sur le sol rouge, au cours des heures vides.

... Un nuage de poussière vient sur nous de l'Ouest, à l'encontre du vent.

C'est une compagnie de la Légion, des hommes blonds et fortement bronzés, couverts de poussière, qui rentrent du Sud en chantant des romances allemandes ou italiennes.

Sur les arabas du train chargés de bagages, les malades sont couchés.

Juchés très haut, ils regardent la monotonie du paysage avec l'indifférence morne des fiévreux, en supputant en silence l'heure probable de l'arrivée à Beni-Ounif, d'où, demain, on les transportera, par chemin de fer, à l'hôpital d'Aïn-Sefra.

... Une heure se passe. Nous rejoignons encore un petit convoi d'arabas, escorté de tirailleurs.

Les hommes se sont débarrassés de leurs sacs et de leurs fusils, qu'ils ont chargés sur les carrioles ; ils marchent tout doucement, au petit pas des mulets, avec l'air de gens qui se promènent.

Ils passent. Nous retombons au silence de la route.

De temps en temps, Djilali commence une complainte, qu'il n'achève pas.

Il y a un peu de brise, nous tournons le dos au soleil, la chaleur n'est pas accablante. Nous sommes bien, sans envie de parler.

Il est ainsi, sur les routes désertes du Sud, de longues heures sans tristesse, sans ennui, vagues et reposantes, où l'on peut vivre de silence... Je n'ai jamais regretté une seule de ces heures perdues.

LE DRAME DES HEURES

Voyager, ce n'est pas penser, mais voir se suc-
céder des choses, avoir le sens de sa vie dans la
mesure de l'espace. La monotonie des paysages,
qui se déploient lentement, contribue à nous dé-
lasser des plis pris sur nous-même, à nous pénétrer d'un sentiment de légèreté et de quiétude,
que les déplacements à la vapeur ne sauraient
apporter au voyageur fiévreux. Au pas calmé des
chevaux que la chaleur accable, les moindres
accidents de la route conservent à mes yeux leur
beauté de tableaux. Ce ne sont pas des situations
agitées, c'est un état d'esprit calme et vital, qui
fut celui de toutes les races humaines et qui
s'éternise encore près de nous dans le sang des
nomades.

A Alger, en voyant tous les Européens se porter,
aux mêmes heures, du même côté des arcades,
pour se donner l'illusion d'être une foule, ou

tourner en rond autour de la musique du square,
j'éprouvais une déprimante impression de troupeau, qui s'est dissipée ici. Je sens qu'il vaut
mieux pousser des moutons que de faire corps
avec une foule, et je ne mets certainement
aucun orgueil, aucun romantisme dans cette constatation.

Je vis cette vie du désert aussi simplement que
les sokhar, conducteurs de chameaux, et les
mokhazni.

J'ai toujours été simple. Dans cette simplicité
j'ai trouvé des jouissances fortes, que je ne me
flatte pas d'exprimer.

Quand j'ai dormi à la belle étoile, sous ces ciels
du Sud-Oranais qui sont d'une profondeur religieuse, je me sens pénétrée des énergies de la
terre, une sorte de brutalité est en moi avec le
besoin d'enfourcher ma jument et de pousser
tout droit devant, sans faire aucune réflexion. Je
ne veux rien imaginer ; je vois les étapes de la
route et je les compte à des détails insignifiants.
Dans ce pays sans verdure, dans ce pays de
pierre, quelque chose existe : les heures. Les au-
rores et les crépuscules sont des drames.

Le Bédouin au haïk terreux comprend cela et ne
le dit pas, mais il chante... Djilali ne m'a jamais
expliqué pourquoi il n'achevait pas ses chansons.

HALTE AU DÉSERT

L'an dernier, pour aller à Béchar, on passait vers l'est, derrière les montagnes, par le petit poste de Bou-Yala, qu'on a abandonné depuis pour reporter plus à l'ouest la ligne de protection de la frontière. C'est maintenant Bou-Ayech qui est la première étape après Beni-Ounif, à trente-cinq kilomètres.

.. Il est dix heures et la vallée s'embrase. Des vapeurs rousses tremblent à l'horizon qui se déforme. La chaleur devient brûlante. Un mince filet de sang coule des narines desséchées de nos juments. Une grande langueur m'envahit, et je me laisse bercer sur ma selle arabe, commode comme un fauteuil.

Ben-Zireg n'est plus qu'à vingt-huit kilomètres, et nous aurons tout le temps d'y aller coucher. Mais à quoi bon nous presser?

Il faut arriver à l'entrée du « village » de Bou-

Ayech pour l'apercevoir, tellement il est de la même couleur que le sol.

Une dizaine de baraques en planches, une redoute en terre jaunâtre et une centaine d'informes gourbis en broussailles, où gîtent les ouvriers marocains de la voie ferrée en construction. A cent mètres, tout cela se confond avec l'alfa et la poussière, et ce coin de la vallée semble aussi désert que les autres.

La ligne du railway de l'État s'arrête, pour le moment, à quelques kilomètres au delà de Bou-Ayech, et les travaux donnent un air de vitalité commerçante à ce poste perdu.

Déjà le pays prend des aspects à la fois plus sahariens et moins lugubres qu'à Beni-Ounif; le sable pâle, sous le manteau vert doré de l'alfa, ne produit pas l'impression, pénible parfois jusqu'à l'angoisse, de la hamada noire d'Ounif.

Dans l'une des baraques du « village », sur une table en bois, des Espagnols boivent l'anisette.

Figures taillées à coups de serpe, rasées, tannées et recuites, grands chapeaux de feutre noir, petites vestes rondes, espadrilles — une race fruste et rude, qui se fait à toutes les solitudes, à toutes les privations, sous les plus incléments soleils.

Par un guichet dans la muraille de la baraque,

le commis des entrepôts francs de Beni-Ounif distribue les vivres aux ouvriers. Je remarque que ceux-ci ont presque tous abandonné leurs belles loques indigènes pour l'affreuse défroque européenne du « trabadjar », qui jure avec leur large turban blanc.

Voici des Marocains du Nord : figures barbues et énergiques ; beaucoup de caractère pittoresque ; des traits réguliers et durs, avec de longs yeux farouches.

J'observe, au nombre de ces travailleurs, quelques Berbères blonds, aux yeux bleus, de ce type particulier qu'on rencontre en Kabylie et qui est certainement dû à un lointain apport de sang vandale.

Seuls, les Figuiguiens et les gens du Tafilala conservent leurs guenilles arabes : travailleurs provisoires, il leur aura suffi d'avoir gagné quelques sous pour rentrer aussitôt dans leurs ksour.

Bou-Ayech nous fut un repos.

Comme nous cuisions des pommes de terre dans un trou de sable, un peu à l'écart des baraquements du poste et du café maure, à l'ombre circulaire de beaux lentisques grands comme des chênes, des hommes en vareuse et en béret gris circulaient autour de nous, sous l'œil des légionnaires. Je reconnus en eux des « exclus » de l'armée, de la dernière catégorie, des condamnés militaires, qu'on emploie aux travaux publics dans les postes reculés. Quelques-uns étaient nus jusqu'à la ceinture. D'une autre sauvagerie sur cette terre sauvage, ils étalaient d'extraordinaires tatouages parisiens, soulignés de devises pessimistes, révoltées ou obscènes.

Par ennui, exclus et légionnaires viennent nous parler. Cela m'amuse d'abord, et j'ai peine à ne pas rire en les entendant dire entre eux :

— Il est girond, le petit spahi, il a la peau fine !

Quelques mokhazni nous rejoignent. Ils sont de Beni-Ounif et je reconnais en eux des figures amies de l'an dernier.

Avec eux nous préparons le café dans une gamelle et nous causons, comme causent les gens du Sud, en répliques courtes, avec des plaisanteries naïves sans mots malsonnants.

Des sokhar Douï-Ménia, campés sur la hauteur, en plein soleil, viennent s'asseoir à côté de nous. Les mokhazni les taquinent, tournant en ridicule leur parler bizarre. Les nomades répondent de leur mieux, sans colère apparente. Mais au fond on sent très bien la vieille haine qui divise les gens des Hauts-Plateaux algériens et les Marocains.

Les sokhar finissent par s'en aller, et les mokhazni se mettent à préparer la « mella », le pain de route saharien.

L'un d'eux pétrit la semoule avec de l'eau de

peau de bouc sur une musette pliée. Djilali creuse
un trou dans le sable, avec ses mains, tandis
que les autres apportent des brassées de bois.

— La mella, déclare un cavalier Trafi, c'est
pour les hommes comme l'alfa pour les chevaux :
ça n'engraisse pas, mais ça donne du nerf.

Le soir, les sous-officiers du 1ᵉʳ Étranger, qui
m'ont vue l'an dernier en excursion à Hadjerath-
M'guil, m'ont reconnue et fêtée.

J'emporterai d'eux un souvenir d'autant meil-
leur que, sachant fort bien qui je suis, ils respec-
tent strictement mon incognito.

Nous nous sommes attardés en une causerie
insignifiante, pour le seul plaisir de parler du pays
saharien, du « bled », des mouvements de troupes,
des travaux de construction, de l'avenir de ce coin
de terre perdue. Ce soir-là, après la « popote », je
me sentais l'âme camarade d'un soldat du Sud.
Sans aucune contrainte je m'intéressais aux histoires de ces braves gens, comme on se plaît aux
contes de la veillée dans une ferme de paysans,
trouvée après une longue marche de campagne...

J'ai comme cela des familles, des foyers et des
feux de bivouac dans mon souvenir. Aux heures
d'isolement et de rêvasserie, je retrouve tout cela
dans la fumée d'une cigarette, et ce m'est encore
plus tonique que le souvenir des grands enthou-

siasmes, qui laissent après eux des trous, et que les grandes espérances, fondées sur la valeur des êtres, qui finissent toujours, presque toujours, en désillusions et en faillites.

J'en arrive à cette conclusion, qu'il ne faut jamais chercher le bonheur. Il passe sur la route, mais toujours en sens inverse... Souvent je l'ai reconnu.

Maintenant, la nuit sommeille toute bleue sur le calme de la vallée.

A la redoute, le clairon de la Légion égrène lentement les notes mélancoliques de l'extinction des feux.

Dans ces petits postes isolés, au milieu des solitudes silencieuses, la sonnerie du soir a quelque chose de poignant : après elle, on sent autour de soi le désert...

Les derniers bruits et les dernières lumières s'éteignent. Je m'endors en un bien-être infini. Demain, je m'en irai vers d'autres paysages, et qui sait si je reviendrai jamais dormir là, au pied de cette redoute, dans ce décor qui m'a plu ?...

BEN-ZIREG

Nous quittons Bou-Ayech dans la délicieuse fraîcheur d'avant l'aube. La lune décroissante nage dans un ciel verdâtre, et sa faible lumière triste glisse sur les pierres noires de la piste. Djilali, songeur, finit par me dire qu'il vaut mieux attendre le jour pour franchir les gorges de Ben-Zireg, le vieux passage des rôdeurs.

Nous mettons pied à terre dans le lit large et peu profond d'un oued à sec, et, les chevaux lâchés dans l'alfa, nous nous couchons sur le sable fin, pour un assoupissement léger de sieste.

Quand nous nous réveillons, il fait grand jour.

Nous avons dormi dans un site charmant. Des arbustes sauvages, à fleurs en minces grappes violettes, s'élèvent au-dessus de la houle très verte de l'alfa, où les lavandes et les absinthes font de larges taches argentées. A l'ombre des grands lentisques, des asters éparpillent leurs petites étoiles mauves : c'est tout un luxe naïf de fleurs, de vie végétale en pleine hamada.

Nous entrons dans des gorges ravinées, tortueuses, où la route surplombe un oued profond, encastré entre de hautes falaises rouges, et bientôt nous débouchons dans la vallée de Ben-Zireg.

Quelle inoubliable vision désolée à la sortie des gorges ! Le plus lugubre, le plus désolé de tous les décors arides du Sud s'étend devant nous.

Entre l'éperon abrupt du Djebel-Béchar et la haute muraille de l'Antar, des collines aiguës comme les dents d'une scie, des chaînes de pitons enserrent encore la vallée inclinée en pente douce vers l'oued. Et tout, les collines, le sol d'ardoise pulvérisée, les pierres rugueuses, tout est noir, d'un noir olivâtre et terne de foie corrompu. Au pied des côteaux que domine le Béchar, la redoute blanche, d'une blancheur livide, accentue l'horreur de ce paysage de deuil.

Le « village » ne compte encore que quelques masures, cantines militaires et cafés maures.

Sur la rive opposée de l'oued s'alignent les croix en bois du cimetière chrétien.

Pas une ombre, pas une herbe, seulement deux ou trois maigres dattiers dans l'oued.

Affreux pays d'exil, où les imaginations visionnaire appelleraient les phalanges de la

Jamais rien ne poussera dans ce vallon maudit.
Quel misanthrope, quel amant surhumain de la
solitude stérile, quel fou sublime du tombeau,
consentirait à vivre ici, en face de ces collines
de suie, dans ce cirque calciné et sans horizon?

J'éprouve une impression de grandeur et de
malaise : Ben-Zireg ressemble à ces pays funestes qu'on voit dans les mauvais rêves. Il y a
quelque part, dans *les Mille et une Nuits*, un de
ces paysages de basalte qu'habite un géant nègre
enchaîné.

Le plus féroce caprice d'un halluciné d'opium
n'imaginerait pas cette funèbre splendeur minérale.

La chaleur devient accablante. Des légions de
mouches se collent sur nos yeux. Une haleine de
four brûlant me prend à la gorge. — J'ai tendu les
rênes de ma jument blanche dans un sentiment
d'effroi, quand je suis entrée dans cette dernière
vallée de la sécheresse...

Nous avons attendu le soir avec angoisse. Le
jour s'est éteint en vapeur d'incendie. La redoute
flambait comme un métal en fusion. Et pendant les
courts instants d'avant la nuit, ce sombre coin de
Ben-Zireg sembla beau, d'une saisissante beauté
d'apothéose.

Puis, tout de suite, ce fut fini. Brusquement la

nuit tomba, pleine, brumeuse, riche de mystère, et veloutée comme des ailes chaudes.

Nous couchons devant le café maure, sur une natte. — Je partirai avant le jour, pour garder de Ben-Zireg la dernière vision du soir.

EAU DE MENSONGE

Aujourd'hui l'étape sera longue. Nous en avons
pour des heures à cheminer lentement, au pas
régulier et patient de nos juments.

Depuis que nous sommes sortis du cirque de
Ben-Zireg, la vallée, toujours la même, s'élargit; çà
et là un oued avec un peu de verdure et de beaux
lentisques ; puis, de nouveau, de la poussière et
des pierres à l'infini.

A Hassi-en-Nous, à mi-chemin, nous déjeunons
et nous allons ensuite prendre le café chez les
mokhazni du poste de Bel-Haouari, des nomades
« Rzaïn » du cercle de Saïda, campés sous de légers
gourbis.

On les prendrait facilement pour un « djich », ces
braves gens qui, dans le désert, ont repris leurs
burnous terreux de bédouins.

Au delà de Bel-Haouari (1), dans une perspective

(1) Pour suivre cet itinéraire on consultera avec intérêt
la belle carte de l'Extrême-Sud de l'Algérie, partie occidentale, dressée à l'échelle de 1/800.000ᵉ et publiée, en 1904,
par les soins du Gouvernement général de l'Algérie.

d'horizon incandescent, immensément ouvert, nous longeons une double chaîne de collines d'un aspect amusant et singulier. Comme il convient de s'instruire en voyage, je demande à mon compagnon le nom de cette architecture géologique.

— Regarde bien, dit-il, et tu sauras pourquoi les gens d'ici disent les *Bezaz el Kelba* (mamelles de la chienne).

En passant, il me désigne encore du doigt une ligne noire dans la vallée ouverte comme une plaine : la palmeraie d'Ouagda.

Sous le flamboiement du soleil, déjà les perspectives commencent à se déformer. Impossible d'apprécier les distances : une sorte de vertige danse devant nos yeux et toujours, à droite et à gauche, ces fantastiques « bezaz el kelba ».

Les moindres variations de terrains influencent la lumière et sont pour ma vue des souffrances ou des repos.

Après la région des pierres s'ouvre une zone de sable pur. Pour la première fois dans le Sud-Oranais, je retrouve l'impression profonde éprouvée jadis à l'entrée d'autres régions sahariennes.

Je la reconnais dans toute sa splendeur, avec ses enchantements mornes et ses féeries, la terre qui se pâme dans une éternelle caresse solaire, sans aucune secousse volcanique, sans l'immense effort des montagnes.

Tout à coup, l'horizon oscille, les lointains se déforment et le sable roux disparaît. Une grande nappe d'eau bleue s'étale au loin, et des dattiers s'y reflètent.

L'eau miroite sous le soleil, d'une pureté infinie... Djilali se met à rire, en grand enfant qu'il est.

— Si. Mahmoud, vois comme le *srab* (mirage) se moque de nous qui avons si soif! Si nous n'avions que cette maudite eau de mensonge pour nous désaltérer, nous pourrions tirer la langue ou teter les mamelles de la chienne !

... Au bord du lac chimérique, une troupe de cavaliers rouges s'avance. Au-dessus des rangs serrés, un grand étendard écarlate flotte au vent... L'escadron passe et disparaît. — C'étaient des ânes qui rentraient à Ouagda, et c'était aussi la haute armature d'un puits saharien où le mirage avait accroché des lambeaux de pourpre.

L'arrivée à Béchar ravive ainsi en moi les souvenirs déjà lointains de l'Oued-Rir' et des chotts salés, dans le Sud-Constantinois, autre pays de fièvre et de mirage.

Nous longeons de loin la palmeraie d'Ouagda, entre les petites tombes semées le long de la route. En face, une dune rousse, avec, au bas, une tache blanche : la redoute de « Collomb ».

Béc ar, Taagda, Collomb, tous ces noms divers se sont confondus. En fait, Béchar est le nom du pays, comme il est celui de la montagne qui ferme l'horizon.

Taagda, c'est le ksar et la palmeraie supérieure au-dessus d'Ouagda.

Un nom dépaysé « Collomb » désigne le village en construction.

LE PARFUM DES OASIS

... Le lac mystérieux a disparu. Au loin, quelques flaques subsistent seules, lambeaux d'azur éparpillés dans les sables fauves. Mais déjà l'ombre de la palmeraie tente nos montures. Nous arrivons enfin sous les arceaux serrés des dattiers, et nos chevaux allongent leurs naseaux saignants vers de la vraie eau, en entrant à mi-jambe dans l'oued très large au milieu des joncs.

Quel soulagement, quelle joie toute physique, cette arrivée à l'ombre, où la brise est un peu fraîche, où nos yeux douloureux se reposent sur le vert profond des beaux palmiers, sur les grenadiers aux fleurs de sang et sur les lauriers-roses en touffes.

Après l'eau de mensonge, le goût de la vérité.

Nous nous étendons à terre, pour n'entrer à Béchar que vers le soir, après la sieste.

Djilali s'endort, et moi je regarde ce décor nouveau qui ressemble à d'autres que j'ai aimés,

qui m'ont révélé le charme mystérieux des oasis.
J'y retrouve aussi cette légère odeur de salpêtre,
si spéciale aux palmeraies humides, cette odeur
de fruit coupé qui pimente tous les autres parfums de la vie à l'ombre.

Dans la quiétude profonde de cette clairière
isolée, d'innombrables lézards d'émeraude et des
caméléons changeants se délectent dans les taches
de soleil, étalés sur les pierres.

Pas un chant d'oiseau, pas un cri d'insecte.
Quel beau silence ! Tout dort d'un lourd sommeil,
et les rayons épars glissent entre les hauts troncs
des dattiers comme des chevelures de rêve...

REGARD EN ARRIÈRE

Vivre seule, c'est vivre libre. Je ne veux plus penser à rien. Pendant des mois j'espacerai mon âme... J'ai connu des jours nombreux où je menais une existence de « chien perdu ». Ces jours sont loin, derrière les vastes solitudes, derrière les montagnes écrasantes, par-delà les Hauts-Plateaux arides et le Tell cultivé, dans la ville aux nuits d'angoisse où les choses chaviraient devant mes yeux, où mon cœur se gonflait de pitié et d'impuissance. Maintenant, j'ai reconquis l'orgueil, et les figures amies me sont plus douces. Je ne souffrirai plus de personne.

— Petite rue du Soudan, où je travaillais la tête penchée sur des papiers, dans ma chambre pavée de faïence, sur une terrasse haute, parmi les linges qui séchaient au soleil, avec des voisinages d'hôtes inconnus, — je ne tendrai plus l'oreille aux bruits de l'escalier : je n'attends aucun camarade, et les heures ne sont plus pour moi que des moments de lumière !

Si j'écrivais des mots sur les marges des lettres que j'ai reçues, ils seraient amers; mais j'ai laissé toutes les lettres et tous les souvenirs derrière moi. J'ignore aussi l'heure des journaux et les dernières nouvelles. Les feuilles m'arriveront par le bureau de Collomb. Je saurai, de temps en temps, ce qui se passe ailleurs, pas toujours... ainsi j'aurai mieux le loisir de vivre de moi-même. Il me semble que j'entre dans ma vie en avançant dans les terres inconnues.

— Cette route fut longue et morne, mais nous marchions : c'était assez.

A Béchar, au pied de la dune, la vallée s'incline insensiblement vers la ceinture verte de l'oued.

Sur la rive, derrière les grands cimetières où le vent et le pas des chameaux effacent peu à peu les tombes, le vieux ksar de Taagda, flanqué de tours carrées, ceinturé de hautes murailles grises sans une brèche, où l'on pénètre par de basses portes voûtées, Taagda a des airs farouches de citadelle.

... A l'intérieur, sur la terre douce et silencieuse, nous suivions des ruelles en ruines, de longs passages couverts, si obscurs qu'en plein jour il fallait y marcher à tâtons. Où sont les beaux alignements et les courbes pleines de Figuig? Ici, c'est un fouillis. Les hautes maisons en toub, dont quelques-unes ont deux étages, se pressent les unes contre les autres, enjambent les rues.

A Béchar, comme dans tous les ksour, tout dort et tout croule. L'activité ksourienne épuisée s'éteint lentement, les sources d'énergie sont taries, et une lourde somnolence d'agonie pèse sur ces essais avortés de vie sédentaire et laborieuse, au milieu des déserts voués aux nomades.

« Kharatine » noirs, pour la plupart, mais de langue arabe, les gens de Béchar sont silencieux et méfiants. Ils ont déjà un peu de morgue marocaine, de la répulsion pour les gens de l'Est, les « M'zanat » ; pourtant ce sont des ksouriens, des jardiniers paisibles, et non des hommes de poudre.

L'an dernier, lors de l'occupation de Béchar, Taagda et Ouagda ont été razziés par le Makhzen et les tirailleurs. Cette année, rassurés un peu, les ksouriens reprennent courage et retournent à leurs jardins.

Le centre de Collomb n'est encore qu'un chaos de bâtiments inachevés, de matériaux et de plâtras. Encore les laides « cagnes » en toub, blanchies à la terre blafarde, de tous les postes du Sud-Oranais, réduits construits à la hâte pour abriter les cantines, le bric-à-brac et les cafés maures.

L'élément espagnol et juif domine, ici comme partout ailleurs, dans le pays nouveau.

Les juifs de Kenadsa, vêtus d'oripeaux verts et noirs, viennent y dresser leurs tentes loqueteuses, et vite ils allument leurs petites forges pour transformer les « douros » des officiers et des spahis en bijoux.

J'ai retrouvé, dans les jardins de Béchar, des sensations éprouvées jadis dans le lit de l'oued de l'inoubliable Bou-Saâda, la perle du Sud.

Là, accroupies sur les galets, des femmes en « mlahfa », bleue ou noire, lavent des loques qu'elles battent avec des tiges de palmes... oui, ce sont bien les souvenirs charmants de l'oued Bou-Saâda, aux jours lumineux de l'été, mais avec une note plus lointaine, plus sombre — la note marocaine — qu'évoque ce décor des palmeraies dormantes de Béchar.

Dans les jardins, sous les grenadiers touffus et dans l'ombre malsaine des figuiers, s'offrent des coins délicieux, auxquels la voûte glauque des dattiers donne quelque chose du mystère des vraies forêts. Des séguia d'irrigation chuchotent dans l'herbe rase et, de toutes parts, monte la petite voix triste des crapauds du Sud, une note unique, répétée à l'infini, jusqu'aux dunes arides de la route de Kenadsa, dans les dernières séguia à moitié ensablées.

L'ÉTALON NOIR

Le soir, un soir rouge aux lourdes vapeurs sanglantes, sur le vide de la plaine. Au delà de l'oued, sur les confins du désert, un monceau de ruines rousses, des pans de murs, des assises de tours foudroyées, l'ancien ksar de Zekkour, détruit par le Sultan noir, et dont les décombres durent ainsi indéfiniment, achevant lentement de s'effriter au soleil et servant de repaires aux tribus venimeuses des scorpions et des vipères.

Nous passons lentement devant cette désolation, et tout à coup une autre vision surgit, qui me secoue d'une sensation étrange.

Sur le bord de la route, une masse noire s'agitait, souffrait. Quand nous passâmes, cette carcasse se dressa dans un effort saccadé : c'était un cheval, les deux pieds de derrière brisés, qui agonisait là, tout seul, dans le soir mourant.

L'étalon noir s'arc-bouta sur ses deux jambes

nerveuses, lancées en avant ; son poitrail tremblait, et il tendait ses naseaux sanglants vers nos juments.

Soudain, son grand œil déjà terni se rallume, et il pousse un long hennissement, dernier appel tendre vers les frémissantes femelles, comme un cri de révolte et de douleur.

Djilali décroche son fusil, ajuste la bête mourante, un coup part, sec, brutal : l'étalon noir roule sur le sol rouge, foudroyé, avec son regard troublé, avec son dernier cri d'amour.

Et inconsciemment Djilali me dit, dans un rire sain et puéril : « Il a de la chance, celui-là, il est mort amoureux. »

La nuit tombe sur les ruines de Zekkour la dévastée et sur le cadavre de l'étalon noir...

LÉGIONNAIRES ET MOKHAZNI

Sur la hauteur, la redoute de Béchar avec ses murs bas en pisé, ses larges portes toujours gardées et, à l'intérieur, des matériaux, des tas de pierres, tout le chaos d'une bourgade en construction.

Nous entrons dans la grande cour où les petits chevaux maigres du Makhzen français, entravés, mâchent paresseusement l'alfa dure. Sous les gourbis, les mokhazni couchés par terre, la tête sur l'arçon de leur selle, le fusil à portée de la main, la cartouchière serrée sur la gandoura erreuse... Ils rient, ils plaisantent, ils chantent, attendant avec insouciance l'ordre de partir, et — qui sait? — peut-être pour ne jamais revenir.

Qu'importe! Ils ont confiance, ils se reposent sur la destinée, ils pensent que ce qui est écrit doit arriver quoi qu'on fasse, et ils vivent leur vie. Le fatalisme n'est pas toujours une faiblesse. Ils ne pensent à la mort que pour composer des complaintes.

L'Arabe connaît l'honneur viril, et il veut mourir en brave, face à l'ennemi, mais il ignore absolument le désir de la gloire posthume; ceux-là surtout, ces hommes simples, ces frustes nomades ignorent l'aventure de la renommée. Ils apportent volontairement au service de la France leur vaillance, leur belle audace et leur endurance inlassable; ils « servent » en loyauté, et cela leur suffit.

... A côté des mokhazni, d'autres insouciants, d'autres enfants perdus, mais bien plus compliqués ceux-là, — les légionnaires — construisaient à Béchar, quand nous y passâmes, les bâtiments du Bureau arabe.

Partout, dans tous les postes du Sud-Oranais, ce sont les légionnaires qui ont élevé les premiers murs, qui ont, à force d'énergie et de patience, semé les premières graines dans les petits jardins apparus comme par magie. Ils ont bâti aux jours troublés où il fallait se défendre contre les pillards, après les nuits passées aux écoutes, dans l'angoisse des surprises probables.

Il n'est pas un mur, pas une cagna en toub, à Béchar ou ailleurs dans le pays, qui ne soit l'œuvre de la Légion, œuvre anonyme, peut-être plus ardue et plus méritoire que les beaux actes de courage accomplis tous les jours dans le pays profond et sans échos.

Il y a, me semble-t-il, dans l'exaltation de la gloire, quelque chose qui diminue le courage et qui lui enlève une partie de sa beauté. Le vrai courage est aussi fait d'inconscience et de ténacité. Sa récompense est dans la joie de l'action. C'est en ce sens que les bons ouvriers ont du courage, du vrai courage, doublé d'un esprit de sacrifice qui sauve le monde sans le savoir.

RÉFLEXIONS DANS UNE COUR

Parmi ces braves gens je n'ai pas de gêne. Je suis entrée chez eux et je me suis assise dans un coin de la cour. Ils ne m'ont même pas remarquée. Il n'y a rien de remarquable en moi. Je puis passer partout inaperçue. Excellente position pour bien voir. Si les femmes ne sont pas de grandes observatrices, c'est que leur costume attire les regards; elles ont toujours été faites pour être regardées et n'en souffrent pas encore. Ce sentiment me paraît, à la longue, trop flatteur pour les hommes.

On m'a souvent reproché de me plaire avec les gens du peuple. Mais où donc est la vie, sinon dans le peuple? Partout ailleurs le monde me semble étroit. J'ai la sensation, en certains milieux, d'une atmosphère artificielle : j'y respire mal. Je ne sais jamais ce qui sera « convenable ». A vrai dire, je ne souffre pas trop des pauvretés et des naïvetés, pas même des grossicretés. Je n'en souffre pas profondément. Ce qui me semble à la longue insupportable, c'est l'éternelle honte médiocre de certaines gens. Et puis ce manque de bravoure qui les distingue, cette prudence, cette affectation de vivre d'une façon raisonnable et bien calculée. En fait, j'ai toujours vu qu'on aboutissait par cette méthode à des erreurs de calcul. J'ai toujours été très étonnée de constater qu'un chapeau à la mode, un corsage correct, une paire de bottines bien tendues, un petit mobilier de petits meubles encombrants, quelque argenterie et de la porcelaine suffisaient à calmer chez beaucoup de personnes la soif du bonheur. Toute jeune j'ai senti que la terre existait et j'ai voulu en connaître les lointains. Je n'étais pas faite pour tourner dans un manège avec des œillères de soie. Je ne me suis pas composé un idéal : j'ai marché à la découverte. Je sais bien que cette manière de vivre est dangereuse, mais le moment du danger est aussi le moment de l'espérance. D'ailleurs, j'étais pénétrée de cette idée, qu'on ne peut jamais tomber plus bas que soi-même. Quand mon cœur souffrait, il commençait à vivre. Bien des fois, sur les routes de ma vie errante, je me suis demandé où j'allais et j'ai fini par comprendre, parmi les gens du peuple et chez les nomades, que je remontais aux sources de la vie, que j'accomplissais un voyage dans les profondeurs de l'humanité. Contrairement à tant de psychologues subtils, je n'ai découvert aucun sentiment nouveau, mais j'ai récapitulé des sensations fortes; à travers toutes les mesquineries de mes hasards, la courbe voulue de mon existence se dessinait largement.

On s'expliquera par ces mots, — qui n'ont peut-être pas assez de suite, mais que je sens sincèrement, — pourquoi je peux m'intéresser à beaucoup d'humbles choses.

Maintenant mes yeux se reposent sur cette petite cour de la redoute de Béchar, ils en photographient les aspects, ils la possèdent dans sa simplicité.

Sous une petite tente de nomades en loques, envahie de mouches, un ksourien blanc de Kenadsa a installé un café maure. Des selles et des fusils du Makhzen, de pauvres hardes de soldats traînent là en dépôt.

Mokhazni et spahis viennent, sous cet abri précaire, boire du thé tiède et jouer d'interminables parties de « ronda » espagnole ou de dominos avec la passion que tous les Arabes apportent au jeu.

Quand ils jouent, le siroco peut secouer la tente, le sable peut fouetter les visages, les mouches peuvent aveugler les yeux : rien, sauf un appel de service, ne saurait détacher les regards des joueurs de leurs cartes crasseuses ou des petits rectangles d'ébène et d'os. Des cris, des rires, souvent de terribles disputes qui, sans la crainte des chefs, finiraient dans le sang, accompagnent ces jeux où passe le plus clair de la solde.

Attendons le soir avec la même insouciance qu'eux.

Dans la cour du Bureau arabe de Béchar, comme à Beni-Ounif, comme ailleurs, au Sud, dans l'ombre chaude, après la prière, de grands chants libres éveillent les échos de la plaine morte...

L'âme songeuse, insouciante et sensuelle des nomades monte en beaux chants sauvages, rauques parfois, comme des cris de chats dans la nuit, et parfois suaves comme la musique la plus douce. Ce sont des ondes de passion et de sentiment qui vont mourir sur la grande plage du ciel, et leur mélancolie déborde aussi mon cœur.

KENADSA

Kaddour ou Barka, le chef des khouans Ziania
de Béchar, me donne pour guide un nègre esclave,
le « khartani » Embarek. Nous quittons le douar du
Makhzen à l'heure rose et verte de l'aube. Le temps
est limpide, sans indices de siroco. Seule une
brume légère voile les palmeraies, au fond de
l'oued.

Comme toutes les petites vallées de cette zone,
celle où nous cheminons, moi à cheval et Embarek
à pied, s'allonge entre deux chaînes de coteaux. Sur
la gauche, au-dessus de ces vallonnements bas,
se dresse la silhouette puissante du Djebel Béchar.

Du sable blond, des ondulations molles, toujours,
comme depuis les Bezaz el Kelba, le même paysage, la même harmonie monotone de grandes
lignes sans angles, sans heurts, presque même
sans aspérités.

A mesure que nous nous éloignons vers l'ouest,
les collines s'abaissent.

Nous longeons, à droite, l'étrange dune cou-
ronnée de pierres en porte-à-faux qui commande
Béchar. Cela dure longtemps ainsi, tandis que le
soleil, tout de suite brûlant, monte derrière nous
et allonge nos ombres sur le sol qui pâlit.

Enfin nous arrivons au sommet d'une côte
pierreuse, semée de silex et de fragments d'ardoise, comme la lugubre vallée de Ben Zireg.

A l'horizon, embrumée de vapeurs roses, Kenadsa apparaît: des taches noires d'arbres disse-
minés, une ligne bleuâtre qui est une grande palmeraie, et, montant au-dessus des sables, un
minaret cassé, qui, dans le soleil encore oblique,
semble de bronze roux...

Plus loin, nous suivons un sentier bordé, pendant plus d'un kilomètre, d'une rangée de hauts
dattiers, tout seuls dans le vide de la vallée.

Sous leur ombre mouvante, une séguia souterraine, avec, par ci, par là, de petits regards,
coule limpide et fraîche.

Kenadsa monte devant nous, grand ksar en
toub de teinte foncée et chaude, précédé, vers la
gauche, de beaux jardins très verts. Le ksar dé-
vale en un désordre gracieux de terrasses super-
posées, suivant la pente douce d'un monticule.
A droite, la dune dorée, avec ses entablements
de pierre, se dresse, presque abrupte.

Une koubba, très blanche, abrite la sépulture
d'une sainte musulmane, de la famille de l'illustre

Sidi M'hammed-ben-Bou-Ziane, fondateur de Kenadsa et de la confrérie des Ziania : — Lella Aïcha.

Autour de la koubba, d'innombrables tombes disséminées dans le sable, qui les envahit peu à peu : elles sont là comme une marge prévue aux habitations des vivants. — Toutes les cités sahariennes commencent par des cimetières.

Nous passons près de ces terres vagues, nous côtoyons toute cette poussière humaine accumulée là depuis des siècles, dans l'abandon et l'oubli, et nous prenons le chemin qui contourne le rempart du ksar, fait d'une muraille en terre sombre, sans créneaux et sans meurtrières

Sur une petite place, des hommes sont à demi couchés, kharatine pour la plupart, qui se soulèvent à peine pour nous regarder.

On entre dans le ksar par une grande porte carrée aux lourds battants.

Nous traversons le *Mellah*, le quartier salé, le quartier des juifs, qui gîtent en d'étroites boutiques à même la rue.

Ici, à l'encontre des mœurs figuiguiennes, les juives, qui portent cependant le même costume, ne sont pas cloîtrées. Elles jacassent, cuisinent, se débarbouillent devant leurs portes.

... Encore un tournant, et nous voici dans une autre rue plus étroite et plus propre, qui finit en des lointains de clair-obscur, sous des maisons qui la voûtent.

L'ENTRÉE A LA ZAOUÏYA

Où allons-nous, vers quelle retraite, vers quelle
ombre propice à la méditation, au repos, au rêve,
à l'oubli?

J'aime les ruelles dont je ne connais pas l'issue
A les suivre, il me semble toujours qu'il va se
passer quelque chose dans ma vie.

L'esclave s'est arrêté, il a pris mon cheval par
la bride, il m'a fait signe de mettre pied à terre.
Nous franchissons une dernière porte, nous
sommes dans la zaouïya.

Les marabouts Ziania sont réputés pour leurs
sentiments favorables à la France. Ce sont des
gens paisibles et humains qui saluent une puissance
de justice. Ils apportent tous les jours des preuves
nouvelles de leur sentiment de déférence et de
respect de la parole donnée.

Kenadsa est située hors frontière et reconnaît
la suzeraineté du sultan de Fez. Nous voici donc

en territoire marocain, à vingt-cinq kilomètres de Béchar, terre française.

En réalité, où est la frontière ? où finit l'Oranie, où commence le Maroc ? Personne ne se soucie de le savoir.

Mais à quoi bon une frontière savamment délimitée ? La situation actuelle, hybride et vague, convient au caractère arabe. Elle ne blesse personne et contente tout le monde...

Trois ou quatre esclaves noirs nous reçoivent. Mon guide leur répète ce que Kaddour ou Barka lui a dit : je suis Si Mahmoud ould Ali, jeune lettré tunisien qui voyage de zaouïya en zaouïya pour s'instruire...

On me fait donc asseoir sur un sac de laine plié, par terre, pendant qu'on va avertir le marabout actuel, Sidi Brahim ould Mohamed, à qui je fais tenir une lettre d'introduction de l'un de ses khouans d'Aïn-Sefra.

Rangés contre le mur, les esclaves attendent, muets. Deux d'entre eux sont des kharatine. Jeunes, imberbes, ils portent la « djellaba » grise des Marocains et un chiffon de mousseline blanche autour de leur crâne rasé. Le troisième, plus noir, plus grand, en vêtements blancs, est un Soudanais, et son visage porte de profondes entailles au fer rouge. Tous trois sont armés de la *koumia*, le long poignard à lame courbe, à fourreau de cuivre ciselé, retenu par un beau cordon en fils de soie de couleur vive, passé en bandoulière.

Enfin, après un bon quart d'heure d'attente, un grand esclave noir, d'une laideur bizarre, avec de petits yeux vifs et ronds et fureteurs, vient baiser respectueusement les cordelettes de mon turban.

Il m'introduit dans une vaste cour silencieuse et nue, dont le sol s'abaisse en pente douce.

Déjà je respirais une atmosphère de paix un peu inquiétante. Cette succession de portes qui se refermaient sur moi ajoutait à la distance que je venais de parcourir.

Encore une petite porte basse, et nous entrons dans une grande pièce carrée qui ressemble à l'intérieur d'une mosquée. Le jour atténué s'y diffuse par une ouverture quadrangulaire dans un plafond fait de poutrelles disposées avec goût

On étend des tapis; je suis chez moi. C'est là que j'habiterai... Dieu sait combien de temps.

Tandis que les nègres vont me chercher du café et de l'eau fraîche, mes yeux s'habituent à la pénombre, et j'examine mon logement — un peu au point de vue de la sécurité.

Un escalier étroit et raide, en pierre noire, conduit sur la terrasse. A gauche, un renfoncement profond, garni d'un brasero en fer servant à préparer le thé et dont la fumée s'échappe par un trou dans le plafond. Au milieu de la pièce, un petit bassin

carré, et, au bord, une cruche en terre pleine d'eau :
le nécessaire pour les ablutions. L'eau tranquille
dans le bassin peut servir de miroir. Quatre colonnes faisant corps avec la muraille étayent le plafond. Au fond de la pièce, une porte en bois, au
panneau peint, étale des fleurs naïves en couleurs
éteintes.

Cette chambre des hôtes doit être très ancienne,
car la toub des murs et les poutres du plafond ont
pris une teinte d'un noir vert. Les colonnes, à hauteur d'homme, sont douces et luisantes, comme
polies par le frottement des mains et des vêtements...

Après tant d'autres voyageurs, je m'assoupirai
dans cette retraite.

VIE NOUVELLE

J'allais fermer les yeux quand Sidi Brahim, le marabout de Kenadsa, est entré. Il se tient debout devant moi, de forte corpulence, le visage marqué de variole avec un collier de barbe grisonnante. Ses gestes sont lents et graves, son sourire doux et avenant. Rien de farouche en lui. Il porte des vêtements très simples et très blancs sous un mince haïk de laine. Un gros turban rond roulé sur une chechiya, le coiffe, sans voile encadrant la figure. Son type tient a la fois du marocain des villes, dont il a l'accent zézayant, et du ksourien du Sud.

Si Mahomed Laredj, neveu et homme de confiance de Sidi Brahim, l'accompagne.

Plus petit, mince sous ses voiles d'une blancheur neigeuse, il a, lui aussi, un visage doux, un sourire presque timide, mais des yeux intelligents et profonds, sans dureté.

Avec beaucoup de dignité, Sidi Brahim me souhaite la bienvenue, puis il me questionne sur un ton discret.

Cela dure un instant, avec des silences et des reprises de politesses. Les marabouts se retirent bientôt comme des ombres blanches.

Notre entrevue a été courte et me laisse une impression de sécurité. Je suis l'hôte de ces hommes. Je vivrai dans le silence de leur maison. Déjà ils m'ont apporté tout le calme de leur esprit, une ombre de paix a pénétré les replis de mon âme Des jours vont venir qui passeront sur moi, longs et sans désirs, et ma curiosité se fera douce comme une veilleuse dans la chambre d'un convalescent. Je m'approfondirai dans les secrets de ma conscience tumultueuse. Les grands incendies qui nous enflamment de science, de haine ou d'amour dormiront sous la cendre, je pourrai respirer ma vie d'un souffle égal. — Est-ce donc là ce que je venais chercher ? Toute ma soif va-t-elle enfin s'apaiser, et pour combien de temps ?

Une pensée de bon nirvana amollit déjà mon cœur : le désert que j'ai traversé était celui de mes désirs. Quand ma volonté se réveillera, il me semble qu'elle voudra des choses nouvelles et que je ne me rappellerai plus rien des souffrances du passé. Je rêve d'un sommeil qui serait une mort, et d'où l'on sortirait armé, fort d'une personnalité régénérée par l'oubli, retrempée dans l'inconscience.

... Embarck monte sur la terrasse et jette une natte sur l' « œil de la maison ».

Alors, dans l'obscurité, les nuées de mouches qui m'assaillaient se dissipent. Un peu de fraîcheur, un souffle d'air me vient d'en haut, avec un immense silence qu'on sent éternel.

Je me couche sur le tapis. Je suis seule et je passe peu à peu d'un repos très calme à l'accablant sommeil de la méridienne.

ESCLAVES

Être toujours entourée de visages noirs, en
voir tous les jours de nouveaux, n'entendre que la
voix grêle des esclaves à l'accent traînant, c'est
ma première impression quotidienne à Kenadsa,
une impression étrange et forte.

A part quelques rares familles berbères, tous
les habitants du ksar sont des kharatine noirs. A
la zaouïya, l'élément soudanais ajoute encore une
note de dépaysement plus lointain.

Fils de captifs du Souah et du Mossi, les pères
de ces esclaves sont venus à Kenadsa, après de
longues souffrances et des pérégrinations très
compliquées.

Pris d'abord par des hommes de leur race, au
cours des perpétuelles luttes des villages et des
roitelets noirs, ils ont été vendus aux trafiquants
maures, puis remis entre les mains des Touareg
ou des Chaamba, qui, à leur tour, les ont passés
aux Berabers.

Leurs enfants n'ont pas conservé la langue de leur pays d'origine, que, seuls, quelques vieillards comprennent encore. A Kenadsa, tout le monde parle arabe. L'idiome berbère, le chelha, si répandu sur la frontière du Maroc, est lui-même inconnu ici.

Les Soudanais de la zaouïya, tant que leur sang reste pur, sont robustes et souvent beaux, d'une beauté toute arabe, qui contraste singulièrement avec le noir d'ébène de leur peau. Ceux qui sont issus de métissages avec les kharatine sont, au contraire, ordinairement chétifs et laids, avec des visages anguleux, des membres grêles et disproportionnés.

L'impression inquiétante et répulsive que produisent sur moi les nègres provient presque uniquement de la singulière mobilité de leur visage aux yeux fuyants, aux traits tiraillés sans cesse par des tics et des grimaces. C'est une impression invincible de non-humanité, de non-parenté animale que j'éprouve puérilement, tout d'abord, en face de mes frères les noirs.

Seul parmi les esclaves, le porte-clefs, l'homme de confiance de Sidi Brahim, Ba-Mahmadou ou Salem, m'est sympathique.

C'est un grand Soudanais tranquille, au visage entaillé de marques au fer rouge. Il porte des vêtements d'une blancheur immaculée sous un long burnous noir. Dans l'expression de sa figure et dans ses gestes, comme dans ses traits réguliers, rien de l'homme-singe, grimaçant et rusé, de cette ruse animale qui sert d'intelligence aux noirs.

Ba-Mahmadou se distingue des autres nègres. Il trouve, au fond de lui-même ou dans sa culture d'esclave, le secret des gestes graves et des attitudes respectueuses. Ce sentiment n'est pas celui de la servitude déprimante. Il met de la noblesse dans les salutations. — Les nègres, d'ordinaire, ne savent pas saluer.

Toutes les fois que Ba-Mahmadou se présente devant des musulmans blancs, il commence par s'incliner trois fois devant eux, et ne s'approche que pieds nus, laissant ses savates à la porte. Cependant le sens qu'il a du respect ne le diminue pas.

Ce serait une bien curieuse étude à écrire que celle des esclaves qui vivent ici. Il faudrait, pour la tenter, n'avoir ni préjugés de droite ni préjugés de gauche, faire de l'histoire naturelle autant que de l'histoire sociale. Il faudrait, je le sens, être guéri du préjugé des races supérieures et des superstitions des races inférieures.

Presque tous ces esclaves possèdent des maisons au ksar, des jardins dans les palmeraies, même de petits troupeaux. Ils vendent la laine, la viande, les dattes, pour leur propre compte, mais ils restent astreints à travailler pour leurs maîtres.

Pour se marier, ils doivent demander l'autorisation du chef de la zaouïya, mais ils sont les maîtres chez eux, « caïds dans leur maison ».

Ils mènent ainsi une double existence d'hommes presque libres au dehors, et d'esclaves à la zaouïya, où les fonctions sont d'ailleurs distribuées assez vaguement.

PETIT MONDE DE FEMMES

Les femmes ici composent un petit monde à part avec sa hiérarchie.

Tout d'abord Lella (Madame).

La mère de Sidi Brahim a la charge de toute l'administration intérieure : dépenses, recettes, aumônes. On ne la voit jamais, mais on sent partout son pouvoir ; crainte et vénérée de tous, cette vieille reine-mère musulmane vit ici presque cloîtrée, ne sortant que rarement et haut voilée, pour se rendre aux tombeaux de Sidi Ben Bou-Ziane et de Sidi Mohammed, qui fut son époux.

Autour d'elle gravite tout un petit monde de femmes pâles, qui sont les épouses des marabouts. Plus bas, c'est le peuple des négresses, vierges, mariées, veuves ou divorcées.

Parmi ces femmes de couleur règne un grand relâchement de mœurs. Pour quelques sous, pour un chiffon, et même pour le plaisir, elles se donnent à n'importe qui, arabe ou nègre. Elles font ouvertement des avances aux hôtes et s'offrent avec une impudence inconsciente, drôle souvent.

Les esclaves mâles contiennent encore un peu les mouvements de leur sang, mais toute la féminité noire s'abandonne à l'instinct, et ses querelles sont aussi futiles que ses amours. Parfois, dans les cours, éclatent des disputes criardes, qui précèdent des pugilats et des bondissements de nu au soleil.

Un matin, deux négresses s'invectivent devant ma porte.

— Putain des juifs du Mellah !

— Renégate ! Voleuse ! Graine de calamité ! Racine amère !

— Dieu te fasse mourir, juive, fille de chacal !

Tout à coup, la voix sifflante de Kaddour, l'intendant, vient mettre fin au scandale.

Elles se séparent, en chiennes hargneuses, avec des dents qui brillent dans l'injure et qui mordent les mots comme de la chair.

TRANSFORMATION

... Voici plus d'une semaine que je suis ici, et
ma vie s'écoule doucement, comme une séguia
paresseuse. Jusqu'à présent je n'étais pas encore
sortie de la zaouïya. Ici, il ne faut pas songer à
faire quoi que ce soit sans l'autorisation de Sidi
Brahim. On se heurterait au silence des esclaves
et à des portes inexorablement closes.

Pourquoi ne voulait-on pas me laisser sortir?
Cela commençait à me peser et même à m'inquiéter. Ma chère solitude n'était plus volontaire;
ma chambre, si propice aux visions intérieures,
ressemblait trop à une prison discrète...

Enfin, ce matin, j'ai demandé à voir le marabout et je lui ai dit mon désir.

Le bon marabout a souri.

— Si Mahmoud, mon enfant, ne conçois aucune amère pensée! si tu veux sortir, qu'à cela
ne tienne... Mais alors, il te faut changer de costume. Tu sais que celui des Algériens que tu portes

est mal vu ici. Il ne présenterait pas pour toi de danger réel, mais il t'occasionnerait sûrement des ennuis, on te traiterait ouvertement de « M'zani ».

En effet, les Marocains abhorrent les Algériens, qu'ils considèrent assez facilement comme des renégats.

Peut-être les Marocains détestent-ils plus profondément les musulmans algériens que les chrétiens eux-mêmes, parce qu'ils croient que les premiers ont abjuré l'Islam, tandis que les autres sont restés ce qu'ils étaient : des infidèles.

Oubliant les principes de tolérance de l'Islam pur, les Marocains nourrissent une haine irréconciliable contre Chrétiens et « M'zanat ».

... Et voilà que maintenant, pour sortir, je me suis transformée en Marocain, quittant le lourd harnachement des cavaliers algériens pour la légère « djellaba » blanche, les savates jaunes qu'on chausse sur les pieds nus, et le petit turban blanc sans voile, roulé en auréole autour d'une chéchiya.

C'est plus léger, plus frais, mais je songe avec épouvante au terrible soleil du milieu du jour, et je me demande si cette coiffure, presque transparente, sera bien suffisante à me protéger.

Je fais part de mes inquiétudes à Ba-Mahmadou. Le Soudanais sourit sans s'émouvoir.

— Dieu et Sidi M'hammed-ben-Bou-Ziane te

protégeront, si tu es venu ici avec confiance et sincérité !

... Espérons que la prédiction rassurante de Ba-Mahmadou se réalisera, et que ce nouveau costume, qui m'amuse pour le moment, ne nuira pas à ma sincérité d'Ame.

MONTAGNE DE LUMIÈRE

La « Barga » est cette étrange dune qui domine Kenadsa, et que couronnent des blocs de pierre, avec, çà et là, quelques éperons de roc en forme de pyramide.

J'y vais me promener par un clair matin frais.

Je traverse les cimetières. Derrière la koubba de Lella Aïcha qui se pare de teintes roses, comme d'une ombre de pudeur, je grimpe par le sentier de sable, qui passe parfois sous des entablements de pierre prêts à rouler dans le vide.

Les lointains se prolongent en des transparences infinies. A l'horizon, vers l'est, le Djebel Béchar monte, très bleu, commandant tout le pays, de Ben-Zireg à Kenadsa.

Le soleil s'élève lentement. Il nage en un océan de lueurs carminées qui se fondent insensiblement dans l'or vert du zénith. Je pense à des toiles de Noiré, le seul peintre qui ait compris toute la délicatesse des matins du Sud.

Tout ici chante en couleur, s'anime graduellement d'émotion solaire. Le sable se dore et les pierres s'irisent. Des reflets verts, des reflets orangés ou rouges mettent une floraison de lumière sur l'aridité de cette colline. J'y vois vivre la lumière. Elle devient ma palette de rêve.

Et puis, derrière cet écran merveilleux, il y a encore tant de choses. . C'est d'abord une vallée étroite comme un ravin. Je m'y suis promenée, j'en ai remué du pied les écailles de pierre noire avec le frisson de marcher sur une peau de serpent. Après, viennent les sebkha salées, coupées de palmeraies sombres; puis des dunes s'enchevêtrent; et c'est la route de l'oued Guir...

Quand je monte sur ma petite montagne de lumière, je vois à mes pieds toute la douce vie colorée. Le ksar me semble bâti pour mes yeux, j'en aime la teinte d'ensemble chaude et foncée, tenant du violet sombre et du rouge brun, avec quelques murailles plus neuves, où la terre a encore des teintes d'or mat ou de chamois argenté, comme le sable des dunes.

Deux ou trois hautes maisons à fenêtres grillagées, habitées par les marabouts, se dressent au-dessus du chaos des demeures ksouriennes.

A l'extrémité du ksar, au milieu d'une sorte de place où il y a des tombeaux, voici la koubba de Lella Keltoum (encore une sainte de la descendance de Sidi Ben Bou-Ziane).

Je voudrais pouvoir la montrer, cette koubba
musulmane, mais ce n'est qu'un cube de terre.
Elle est très vieille et porte, aux angles, des orne-
ments en forme de cornes pointues. Au milieu
de sa terrasse s'élève une petite coupole à huit
pans. Une femme en « mlahfa » rose fané, une
mendiante sans doute, est assise sur le seuil. Le
minaret d'un blanc jaune, patiné par le temps et
le soleil, s'élance vers la lumière blonde d'en
haut... Quelques Ouled Djerir, loqueteux et armés
de fusils, s'en vont vers le Guir, poussant devant
eux une vingtaine de chameaux pelés, chargés de
longs sacs en laine noire pleins de blé.

A cette place revient l'heure éternelle, celle qui
brilla à l'aube du monde, celle qui passa il y a
quelque deux cents ans, quand le bienheureux
cheikh M'Hammed professait là ses doctrines
humanitaires et ésotériques.

L'ILLUMINÉ

Au sommet de la Barga, au milieu d'un amas de rochers sombres, un illuminé vit au fond d'une cellule étroite taillée dans le roc.

Vêtu d'une loque sombre, grand, le corps décharné, avec un fin visage bronzé et émacié, l'anachorète a laissé pousser ses cheveux gris et sa barbe inculte. Son regard est devenu fixe, et ses lèvres ne cessent de murmurer indéfiniment les mêmes invocations mystiques, qui entretiennent depuis tantôt vingt ans sa constante extase.

Dans sa jeunesse, l'Illuminé, que la grâce de l'inconscience n'avait pas encore touché, a beaucoup voyagé, au Maroc, en Algérie, dans le désert et au Soudan. Ce dut être un de ces admirables voyages que, de nos jours, seuls les Arabes savent encore accomplir, s'en allant à pied de village en village, en demandant le gîte et le pain dans le sentier de Dieu.

Puis, lassé de la vanité du savoir humain et de la

monotonie des choses, le saint est revenu sur le
sol natal et s'est retiré, pour toujours, dans sa
cellule grise, d'où il ne sortira plus que porté par
les croyants vers le calme définitif des vagues
nécropoles d'en bas.

Je le regarde, ce bel anachorète saharien, et je
pense que les solitaires chrétiens des premiers
siècles devaient lui ressembler, dans les décors
pareillement désolés de la Thébaïde et de la Cyré-
naïque ardentes.

Eux aussi cherchaient dans l'extase la satisfaction de cet impérieux besoin d'éternité qui
sommeille au fond de toutes les âmes simples.

Ce besoin d'éternité, je l'éprouve moi-même
parfois... pas toujours. D'autres m'ont dit qu'ils
n'en souffraient jamais, et ceux-là n'étaient pas
toujours des raisonneurs grossiers; ils aspiraient
à la vie, à toute la vie, comme à une illumination
rapide que suivra l'éternelle nuit.

L'un d'eux, avec qui j'ai partagé le plus pur de
mon âme rêveuse, en des minutes d'exaltation et
de nostalgie, me disait :

« Je ne trouve de goût à la vie que dans la certitude de mourir un jour. J'ai besoin de savoir que
ça ne durera pas. » Cet état d'esprit m'a étonnée.

L'Illuminé de la Barga possède peut-être l'éternité...

L'INDIGNATION DU MARABOUT

Hier, pendant la sieste, Sidi Brahim entre tout à coup, une lettre à la main, consterné.

— Si Mahmoud, je viens de recevoir une lettre d'Oudjda, où l'on m'annonce que Hadj Mohammed ould Abdelkhaut, chef des Kadriya, a été assassiné par les gens de Bou Amama — que Dieu le confonde !

Et le marabout se laisse choir sur le tapis, me tendant la lettre.

Elle est écrite sur un bout de papier gris tout froissé, cette lettre qu'apporta un serviteur délégué par la zaouïya d'Oudjda vers la zaouïya des Ziania de Kenadsa, à travers cent lieues de pays.

Le serviteur raconte la mort de Hadj Mohammed, qui s'était rendu chez Bou Amama pour l'engager à ne pas porter la désolation et la guerre dans l'Angad.

Bou Amama reçut fort bien l'émissaire et lui prodigua des promesses. Mais, au retour, dans la plaine, un des hommes du vieux détrousseur rejoignit Hadj Mohammed et l'entraîna loin de ses compagnons, sous le prétexte d'un secret à lui communiquer. Dans le lit d'un oued, des bandits embusqués massacrèrent alors le malheureux marabout.

J'achève de déchiffrer le grimoire, et je revois la triste Oudjda en proie aux soldats affamés et exaspérés, la tourbe quémandeuse et menaçante piétinant dans la boue où pourrissaient des charognes et, au bout de toute cette épouvante, derrière des ruines où fleurissaient les pêchers roses, la zaouïya blanche des Kadriya recueillie, si calme, que dirigeait ce Hadj Mohammed qu'on vient d'assassiner traîtreusement et chez qui, il y a à peine trois mois, nous avions trouvé un accueil fraternel.

— Si Mahmoud, le Mogh'rib est perdu, si on commence à tuer là-bas les inoffensives créatures de Dieu, les hommes de prière et d'aumône, qui ne portent ni épée ni fusil, me dit Sidi Brahim. Il faut certainement que Dieu ait aveuglé les fils du Mogh'rib, pour qu'ils abandonnent ainsi son sentier, pour qu'ils trahissent leur Sultan descendant du Prophète — la prière et le salut soient sur lui! — par Mouley Idris, et pour suivre qui? de misérables imposteurs, comme Bou Amama et le Rogui Bou Hamara!

De sa voix douce et lente, Sidi Brahim continue à se lamenter sur le sort du Maroc.

— En vérité, par quoi expliquer, sinon par la folie, la popularité de Bou Amama, fils d'un infime brocanteur de Figuig, homme sans origine et sans instruction, fauteur de discordes et de massacre, dispensateur de faux miracles, de fallacieuses promesses ? Par Dieu, la maison de Bou Amama est bâtie sur les assises chancelantes du mensonge et de l'iniquité ! Mais les nomades du désert ne sont-ils pas ainsi faits que, plus grande est l'invraisemblance, plus forte est leur croyance ! Quant à celui qui vient leur annoncer la vérité, malheur à lui : ils le méprisent et, s'ils le peuvent, ils l'exterminent... Et que dis-tu, toi qui as lu la parole de Dieu, qui as visité beaucoup de villes et de pays, que dis-tu du Rogui ? Comment expliques-tu l'incroyable aventure de cet homme que personne ne connaît et qui, du jour au lendemain, s'improvise Sultan, émir des croyants ? Il dit qu'il est Moulay M'hammed, frère dépossédé de Mouley Abdelaziz. Mais comment ne se trouve-t-il pas un seul homme digne de foi, parmi ceux qui ont connu Mouley M'hammed, pour dire à la face des croyants « en vérité, c'est lui » ou alors pour confondre l'imposteur ? D'autres prétendent que Bou Hamara est originaire des Sanhadja du Djebel Zerhaoun. Mais comment personne, parmi les Sanhadja et les Beni-Zerhaoun, ne connaît-il cet homme ? On croi-

raît vraiment que ce Bou Hamara n'est pas un fils
d'Adam, mais bien un « djenn », esprit d'essence
ignée, un signe des temps, un fléau de Dieu, descendu du ciel ou sorti de terre pour châtier le
Mogh'rib dépravé et criminel !... Vous autres, les
fils de l'Est, vous êtes heureux. Vous jouissez en
paix des biens que vous accorde le Dispensateur. Et
nous, malheureux fils du Mogh'rib, nous vivons
dans un pays de loups affamés, où les fleuves débor-
dent de sang et où l'iniquité triomphe. A chaque
heure du jour et de la nuit, nous tremblons pour
notre vie et pour nos biens... Vois, Si Mahmoud,
nous avions des revenus importants au Tafilala,
à El-Outtat, à Fez et surtout dans la région de l'Angad. A présent que les armées des imposteurs ont
envahi le pays, nous ne recevons plus que le quart
des revenus d'antan... Et ici, les pauvres, les orphelins, les femmes sans protection, les étudiants et
les voyageurs affluent et nous demandent l'asile et
le pain, que nous devons leur donner selon la règle
pure de notre maître — Dieu soit satisfait de lui !
—Ah, Si Mahmoud, prions Dieu d'anéantir Bou
Amama, le fils du brocanteur, l'inventeur des four-
beries, et Bou Hamara, l'homme ténébreux qui, sur
le dos d'une ânesse, veut escalader les marches
d'un trône millénaire et conquérir l'héritage que
Mouley Idris a légué à sa postérité par la volonté
de l'Héritier des Mondes. .

— Et ainsi, tous les jours, Sidi Brahim vient me

communiquer les nouvelles de l'Ouest, les tristes nouvelles, et les bruits du dehors. Pourtant, ils n'arrivent que très atténués en cette retraite lointaine, les échos de la tourmente qui gronde à travers le Maroc pourri...

Ici, rien ne se passe, et les nouvelles du monde extérieur ne portent plus en elles, en entrant dans cette ombre chaude et pure, le frisson glacial de la réalité tragique.

Dans la monotonie de ma vie à Kenadsa, je perds peu à peu la notion de l'agitation et des passions déchaînées. Il me semble que partout, comme ici, le cours des choses s'est arrêté.

MESSAGE

Une longue journée de fièvre et de souffrance,
des heures lourdes passées dans la petite chambre
de la terrasse, couchée sur une natte, en face de
l'horizon de feu...

Le soir, comme l'air fraîchit un peu, je me
sens mieux, et je me lève pour me traîner jusqu'au
parapet : l'une de mes sensations les plus douces,
molles jusqu'à la volupté, c'est de regarder ainsi,
tous les soirs, se coucher le soleil sur Kenadsa auréolée de pourpre royale.

... Pourtant, les esclaves tardent à venir, aujourd'hui. La nuit tombe, une nuit lunaire d'une
transparence infinie.

Toujours rien, ni thé, ni dîner, à peine un peu
d'eau au fond de la « delloua » en cuir qui s'égoutte
lentement.

J'appelle.

Sur une terrasse voisine, une vieille négresse surgit de l'ombre : les esclaves sont tous partis pour

une veillée mortuaire dans le quartier de la mosquée.

Alors, j'installe tant bien que mal mon tapis sur la terrasse encore chaude, et je me couche, dans la clarté rose de la lune, qui descend vers l'horizon.

Dès l'aube, Ba-Mahmadou vient, l'air contrit avec des salutations encore plus respectueuses qu'à l'ordinaire :

— Sidi Mahmoud, « Lella » m'envoie te dire qu'elle te supplie, au nom de Dieu et de Sidi ben-Bou-Ziane, de lui pardonner et de chasser de ton cœur toute amertume. Hier soir nous sommes tous allés l'accompagner auprès du corps d'une sainte femme, lella Fathima Angadia, qui est morte à l'heure du Mogh'rib. — Dieu lui donne sa miséricorde ! C'est pourquoi « Lella » a oublié de t'envoyer le thé et le repas du soir. Elle te demande le pardon de cette offense involontaire et appelle sur toi la bénédiction de Dieu et de ses ancêtres.

... Je ne la verrai jamais, cette « Lella » toute-puissante, si vénérée, et qui pousse le culte de l'hospitalité jusqu'à mander à un inconnu un message empreint d'une aussi douce humilité, pour solliciter le pardon d'un oubli sans conséquence...

Comment est-elle, cette grande dame musulmane, auprès de laquelle je ne puis pénétrer, puisque je suis Sidi Mahmoud et qu'on continue à me traiter comme tel ? — Si même, par les indiscrétions de Béchar, on a des soupçons, on se gardera bien de me le faire sentir, car ce serait gravement manquer à la politesse musulmane.

A-t-elle les manières graves de son fils? Et quelles sont les pensées qui occupent le cerveau de cette femme placée dans une situation si particulière, à la fois cloîtrée et investie d'une autorité devant laquelle son fils lui-même plie?

VISION DE FEMMES

Des rayons couleur de cuivre rouge glissaient,
obliques, sur la toub fauve des murs, dans la grande
cour. J'étais assise sur une pierre, et j'attendais Sidi
Brahim. Comme tous les soirs, les femmes venaient à la fontaine, et je regardais leur procession
lente et la splendeur de leurs haillons dans la
lumière.

Il y en avait de jeunes et de vieilles, de belles
et de hideuses, et d'autres qui passaient, la tête
courbée, sans qu'on sût rien d'elles qu'un salut à
peine murmuré.

Sous la voûte basse de la porte qui donne sur la
cour intérieure, deux jeunes femmes s'arrêtèrent.

L'une était une négresse soudanaise au visage
rond, aux larges yeux roux d'une douceur animale. De lourdes chaînettes d'argent, passées

dans les lobes de ses oreilles, retombaient sur ses épaules, et des serpents d'argent attachaient les deux longues nattes de ses cheveux très noirs, étalées sur sa poitrine.

Une mlahfa jaune citron s'enroulait en plis mous autour de son grand corps maigre. Assise, les coudes aux genoux, elle parlait, avec des gestes expressifs de ses mains aux paumes tournées et des cliquetis de bracelets.

L'autre, une mulâtresse, restait debout, attirante, et d'une étrange beauté, avec son sombre et fin profil aquilin, ses grands yeux tristes, ses lèvres voluptueuses et arquées découvrant des dents aiguës.

Une mlahfa de laine rouge, d'une teinte de sang pâli, drapait souplement ses formes pures. Un des pans de ses voiles tombait droit et raide de sa tête à ses reins cambrés, en passant derrière son beau bras nu, couleur de bronze ancien. Elle se tenait très droite, avec sa grande amphore en terre cuite posée sur sa hanche arrondie.

La mulâtresse écoutait sa compagne, gravement, sans sourire.

... Une brise légère agita leurs voiles qui répandirent une odeur pénétrante de cannelle poivrée et de chair noire en moiteur. — Contre le fond gris rosé de la muraille, les deux femmes restèrent longtemps à bavarder dans la lueur violette du soir, qui s'assombrissait peu à peu sous l'arche de la porte.

Elles me parurent très belles ainsi, dans le décor de ce coin de cour, les deux Africaines aux draperies vives...

PRIÈRE DU VENDREDI

Aujourd'hui vendredi, sortie à la mosquée, pour
la prière publique.

Un peu après midi, dans l'accablement et le
silence de la sieste, de très loin, comme en rêve,
une voix traînante me parvient : c'est le « zoual »,
le premier appel.

Je me lève et, par un bain froid, j'essaye de
dissiper un peu ma somnolence lourde, puis, à la
suite de Farradji, un Soudanais silencieux, je
m'aventure dans l'aveuglante clarté de la cour.
Instinctivement nous nous portons du côté des
murailles, les pieds dans le ruban d'ombre qui
les borde. Nous suivons des ruelles étroites, nous
longeons des murs croulants de jardins, et nous
voici dans la vallée de sable...

Tout brûle et tout reluit, avec des reflets mé-
talliques sur les pierres arides de la Barga et
sur le sable salé des sebkha, où oscillent des
vapeurs rousses esquissant de vagues mirages.

C'est l'heure mortelle des insolations et de la fièvre, l'heure où on se sent écrasé, broyé, la poitrine en feu, la tête vide.

Enfin nous arrivons. Entrons dans le ksar, où persiste un peu d'ombre. Des formes nous précèdent, nous suivent, une foule sans paroles, conduite par la même pensée. Sur le passage des fidèles, des mendiants aveugles psalmodient leur supplication. Il nous faut enjamber la clôture de la mosquée, barrée assez haut d'une poutre, pour empêcher enfants et bêtes d'entrer. Du même geste, ici, tous les musulmans retirent leurs savates jaunes et les portent à la main.

A notre tour nous traversons la cour, pieds nus, courant presque, pour échapper à l'intolérable brûlure du sable surchauffé.

Dès l'entrée du sanctuaire, c'est une sensation délicieuse de fraîcheur, de clair obscur, de paix infinie.

Tout est blanc et nu dans ce très vieux asile saharien, les murs, les lourds piliers carrés et accouplés qui supportent le plafond en vieilles poutrelles de dattier rogneuses. Un jour tamisé, diffus, tombe d'en haut par des « regards » fendus, qui font des traînées bleues et blondes et qui laissent tout le fond de la mosquée dans l'ombre. Sur les nattes usées, les gens de Kenadsa et les nomades prient. A droite, sous une lucarne plus large, baignée de lumière plus chaude, les étudiants et les professeurs de la médersa, les tolba, psalmodient le Koran. Derrière eux, les enfants de l'école répètent la leçon de leurs aînés.

Çà et là, accroupi près d'un pilier, un taleb isolé récite à voix haute les litanies du Prophète.

Et toutes ces voix, les voix graves des hommes, quelques-unes très pures et très belles qui dominent les autres, et les voix claires des enfants se mêlent en un grand murmure confus, sur un air monotone et mélancolique, aux finales tombantes.

Comme il se traîne et comme il monte, et quelle sensation de durée il porte en lui, ce chant berceur dans la nef sonore !

Puis, tout à coup, là-haut, sur le minaret, le moueddhen clame son second appel. Sa voix semble descendre des sphères inconnues, simplement parce qu'il est très haut et parce qu'on ne le voit pas. Et d'ailleurs, ici, par une singulière disposition d'esprit, nous sommes toujours sur la marge du merveilleux.

A la fin du dernier verset, les voix des tolba traînent encore plus longuement et s'éteignent dans un soupir ; et, comme pour mêler un peu dē naïveté et de joie vivante à la grande oppression du mystère, aussitôt, avec un clair bruit de planchettes heurtées, les enfants sortent en courant.

Tout se tait, maintenant, toutes les têtes s'inclinent, attentives.

De l'obscurité où s'enfonce le mihrab, la grande

niche qui indique la direction de **La Mecque**, la voix cassée et chevrotante de l'imam s'élève. Il lit la « Khotba », la longue prière mêlée d'exhortations qui tient lieu de sermon et qu'on écoute assis et en silence.

... L'imam n'est point un prêtre, — on sait que l'Islam n'a point de clergé régulier — c'est simplement le plus savant, le plus vénéré taleb de l'assistance. Tout homme lettré peut servir d'imam : il doit simplement réciter la prière.

Dans l'Islam, pas de mystères, pas de sacrements, rien qui nécessite l'intermédiaire du prêtre.

... Pendant la Khotba, encore des instants de rêve vague, de grand calme doux.

Un homme en chemise blanche, ceinturée d'une simple corde, tête nue, porte un seau d'eau fraîche et une tasse en terre : il donne à boire aux vieillards et aux malades. C'est une bonne œuvre qu'il s'impose ainsi, tous les vendredis.

... Un dernier appel du moueddhen, et le vieil imam termine sa lecture et commence à prier.

Un jeune homme à la voix forte et sonore est placé près de lui et répète les invocations sur une sorte de plain-chant.

Toute l'assemblée se tient debout, les deux mains à hauteur du visage, puis les bras retombent le long du corps, et le peuple répète avec l'imam et le chantre : « Allahou Akbar » ! (Dieu est le plus grand).

On s'incline et on se prosterne...

La prière finie, je reste avec les tolba et les marabouts, qui psalmodient encore les litanies rimées du Prophète.

— « La prière et la paix soient sur toi, ô Mohammed, Prophète de Dieu, toi la meilleure des créatures à toujours et à jamais, en cette demeure et dans l'autre... La prière et la paix soient sur toi, ô Mohammed Moustapha, Prophète arabe, Flambeau des ténèbres, Clé des croyants, ô Mohammed le Koreïchite, Maître de La Mecque et de Médine la Fleurie, Seigneur des musulmans et des musulmanes, à toujours et à jamais... »

Les marabouts ont de belles voix graves. Ils savent l'air ancien, qui porte si noblement les versets sonores de cette litanie, que les gens du commun se contentent de réciter très vite sur un mode nasillard et saccadé.

C'est fini... On se lève, et chacun reprend ses babouches déposées sur les nattes et renversées l'une sur l'autre.

Encore une fois, il va falloir traverser la fournaise aveuglante de la vallée.

Le courage me manque, et je demande à Farradji de me conduire par le dédale de corridors noirs du ksar, si bas qu'il faut se courber en deux pendant plus de cent mètres. L'obscurité est opaque dans ce boyau au sol raboteux, où règne une humidité séculaire de cave.

Succédant au calme de l'heure passée dans la pénombre bleue de la mosquée, ce retour est un cauchemar...

Il me semble que l'essence de la prière, comme du rêve, est de ne pas finir.

LELLA KHADDOUDJA

Ba-Mahmadou rêvasse sur les marches de l'escalier, tandis que l'eau du thé chante doucement dans la bouilloire. Il regarde la chambre et les naïves peintures de la porte du fond.

— Où est-elle, la maîtresse de ce logis, à cette heure ! dit-il tout à coup avec un soupir.

Comme je le questionne, le Soudanais me conte que cette maison appartient à une certaine Lella Khaddoudja, parente de Sidi Brahim. Restée veuve très jeune, avec deux enfants, un garçon et une fillette, la maraboute qui était très pieuse a épousé en secondes noces l'un de ses cousins, sous la condition expresse qu'ils partiraient aussitôt pour La Mecque. Le cousin a tenu sa promesse, et Lella Khaddoudja a quitté la zaouïya en n'y laissant que son fils.

— Le jour où elle a quitté Kenadsa, dit Ba-Mahmadou, nous tous, les serviteurs, nous l'avons accompagnée jusqu'à la fontaine Aïn-ech-Cheikh, sur la route de Béchar. Du haut de sa mule, elle a regardé une dernière fois le ksar, et elle nous a dit qu'elle ne reviendrait jamais plus, car elle désirait vivre et mourir sur le sol sacré du Hedjaz... Cet hiver, il y aura deux ans qu'elle est partie. Elle a écrit depuis à son frère pour lui faire savoir qu'elle était arrivée en retard pour le pèlerinage de Djeddah et qu'elle attendait à Bith-el-Kods (Jérusalem) celui de cette année, après quoi elle se fixerait définitivement dans une des deux villes saintes... Dieu lui accorde secours et miséricorde ! Elle était pieuse et charitable envers nous tous, pauvres esclaves !

... A mon tour je me mets à rêver à cette Lella Khaddoudja inconnue, et qui a sans doute une âme un peu aventureuse, puisqu'elle a rompu, de sa propre volonté, avec la routine somnolente de la vie cloîtrée de ses pareilles, pour aller ailleurs recommencer une existence nouvelle, sous un autre ciel.

Que s'est-il passé dans le cœur de cette maraboute voyageuse? Pourquoi s'est-elle résolue brusquement à quitter pour toujours le ksar natal? Quel roman d'âme seule fut le sien?... un roman qu'on n'écrira pas, que personne ne connaîtra.

— Voilà la vie ! conclut Ba-Mahmadou. On connaissait Lella Khaddoudja, on la voyait tous les jours, on lui demandait son aide et, à présent, elle est si loin, si loin... et on ne la reverra plus jamais... voilà !

En effet, pour le Soudanais illettré, ce Bith-el-Kods, ces villes de Syrie et d'Arabie sont au plus profond des lointains terrestres... Elles doivent lui sembler des cités de rêve, presque imaginaires...

SEIGNEURS NOMADES

Cinq heures du soir, sous les arceaux blancs du
« riad » le grand portique qui s'ouvre sur le jardin
intérieur, dans la maison de Sidi Brahim.

Dehors, dans la vallée, le siroco soulève des
tourbillons de poussière, mais ici, ce n'est plus
qu'un souffle léger qui dissipe la lourdeur de l'air,
aux dernières ardeurs du soleil...

Sur un grand tapis de Rabat aux belles couleurs vives, Sidi Brahim est à demi couché, accoudé sur un coussin de soie brodé d'olives d'or.
Smaïn fait tomber, un à un, les grains d'ébène de
son chapelet; assis contre le mur, Si Mohammed
Laredj verse sur un carré de soie écarlate deux
sacs de douros espagnols, oxydés par l'humidité
des silos.

Devant lui, accroupis en demi-cercle, trois
chefs des Douï-Menia de l'Oued Guir.

L'un, très vieux, le visage couturé de rides profondes, tanné par le soleil, couleur de terre, avec

une barbe blanche aux poils durs et hérissés, est enveloppé dans un vieux haïk de laine mince, avec une koumia à poignée et à gaine de cuivre.

Le second, vieux aussi, roulé dans un burnous usé, cache ses armes sous ses voiles et prend des attitudes solennelles, qui cadrent mal avec ses manières anguleuses et son profil rapace au long nez recourbé sur une bouche édentée. C'est un représentant des Ziana du Guir.

Le troisième, le plus jeune des trois, et cependant le plus important, peut avoir trente-cinq ans. Il est grand, musclé et, sous un lourd burnous en poil de chameau noir, porte des vêtements blancs. Sa koumia damasquinée, à poignée dorée, est retenue par un épais cordon de soie violette passé en sautoir. Un autre cordon orangé soutient une sacoche en filali rouge avec des broderies dorées de Fez. Il porte encore un magnifique revolver à crosse d'argent ciselé.

Pourtant il est pieds nus, il a laissé ses sandales, ses « naala » archaïques de nomade près de la porte.

Très bronzé, le regard intelligent et fuyant, avec une expression fine, de face énergique encadrée d'une forte barbe noire, le cheikh Embarek serait beau si ses dents de loup ne s'allongeaient pas trop, dépassant sa lèvre, ce qui donne à son visage, dès qu'il remue les lèvres, quelque chose de cruel et de répugnant.

Embarek exerce une grande influence sur les

Ouled-Bou-Anane, et il intrigue pour se rendre définitivement maître de sa tribu.

Depuis que les Ouled-Bou-Anane ont fait la paix avec les Français et qu'ils fréquentent les marchés du Sud-Oranais, Embarek prévoit l'annexion complète et est prêt à y contribuer, car il espère être alors le grand chef de tous les Douï-Menia, celui auquel les chrétiens donneront un burnous écarlate et des décorations.

Embarek est un ambitieux et un roublard, mais c'est aussi un homme de poudre, un détrousseur, n'ayant renoncé aux pillages traditionnels que dans l'espoir de tirer plus de profit de la paix que des escarmouches.

Sidi Brahim veut charger ces chefs nomades d'importants achats de moutons sur le Guir. Ils retournent là-bas, venant de Beni-Ounif, où ils ont fourni des chameaux pour le convoi de Beni-Abbès, et c'est le prix des moutons que Si Mohammed Laredj est en train de leur compter, avec sa grande aménité de langage et ses manières douces.

Les Douï-Menia couvent d'un œil rapace les douros qui sonnent et s'entassent. Instinctivement ils s'en rapprochent, ils se penchent vers cet argent qui doit passer entre leurs mains, car, sous couleur d'achats, ce sont eux qui vendront les moutons, le plus cher possible.

Ils font mine de ne pas savoir compter et embrouillent à plaisir les calculs de Si Mohammed.

Alors, voyant que cela dure ainsi indéfiniment, Sidi Brahim me prie d'établir le calcul par écrit.

Je griffonne sur mon genou, avec un roseau et en chiffres dits indiens, usités des Arabes, pour qu'Embarek, qui sait lire, puisse contrôler.

Enfin, les nomades se rendent à l'évidence.

Les vieux rapaces tendent déjà leurs mains osseuses vers l'argent, mais Embarek n'a pas dit son dernier mot. Il les arrête du geste :

— Sidi Brahim, dit-il avec son sourire le plus engageant, le compte est juste : il faut six cent cinquante douros pour payer les moutons au prix du jour, et l'argent est là. Certes, nous sommes tes serviteurs et ceux de ton glorieux aïeul, Sidi Ben-Bou-Ziane — Dieu lui accorde ses grâces ! Mais il nous faudra chercher les moutons chez nos frères disséminés sur le cours du Guir... Puis, il faudra les escorter jusqu'ici, afin que les Ouled-Nasr et les Berabers Aït-Khebbach ne les enlèvent pas. Tout cela, nous nous en chargeons, et, en vérité, nous sommes heureux de te servir. Tu n'as rien à craindre — si Dieu le veut ! Mais nous sommes de pauvres nomades que la guerre a ruinés, et certes ta générosité ne nous oubliera pas. Donne-nous une récompense... pour nos peines.

Sidi Brahim sourit. Si Mohammed Laredj baisse la tête et prend un air impénétrable :

— Et quelle est la récompense que vous sou·haitez ?

— Donne-nous deux cents francs français, et que Dieu te rende tes bienfaits.

— Priez sur le Prophète, dit alors Sidi Brahim, et maudissez Iblis, celui qui s'interpose entre les hommes et sème entre eux la haine, celui aussi qui leur fait préférer les biens de ce monde à la vérité et à la justice ! — S'il en est ainsi, et si vos services doivent s'acheter à un prix aussi démesuré, je préfère envoyer mes esclaves sur le Guir.

Longtemps encore, les Douï-Ménia discutent, mais devant leur rapacité le marabout ne cède plus.

Tandis que les nomades s'échauffent et vont jusqu'à élever la voix, Sidi Brahim et Si Mohammed restent silencieux. Ils attendent.

Enfin, voyant l'inutilité de leurs efforts, Embarek et les vieux retrouvent de bonnes paroles, avec des sourires forcés.

— Sidi Brahim, tu es notre maître, et nous n'osons pas discuter tes décisions, car ce que tu fais est bien fait. Reste en paix, et prie Dieu, son Prophète — la prière et la paix soient sur lui ! — et Sidi M'hammed-ben-Bou-Ziane pour nous, car demain, dès l'aube, nous prendrons certainement la route du Guir...

— Allez en paix, mes fils, et que Dieu vous

protège et vous conduise dans le sentier droit.

Et les nomades se lèvent alors avec un cliquetis d'armes; puis ils se retournent encore pour regarder avec regret les beaux douros que Si Mohammed Laredj remet dans les sacs, où ils tombent ave, des tintements limpides.

MESSAOUD

... Depuis quelques jours, c'est un jeune négrillon khartani, Messaoud, qui me sert. Il peut avoir quatorze ans. Déjà grand pour son âge et fûté, il porte des chemises blanches, serrées à la ceinture par une sangle de laine grise. Son visage brun est agréable et expressif. Il a de grands yeux sombres, sans iris, qui reflètent une malice particulière. Sur son crâne rasé, une petite touffe de cheveux crépus, signe d'esclavage et aussi d'impuberté, reste très drôlement plantée au-dessus de l'oreille droite. Cet ornement bizarre ajoute quelque chose de plus comiquement singe à cette physionomie mobile et rieuse sans naïveté. Dans le lobe percé de son oreille, Messaoud, faute d'anneaux, porte un morceau de papier bleu roulé.

Fureteur, leste comme un chat, chapardeur, menteur, bavard comme tous les nègres, Messaoud est un type de petit esclave fripon.

Quand je l'envoie m'acheter du tabac chez le Juif, Messaoud y court avec empressement; mais, au retour, il me trompe sur le calcul très compliqué du change marocain. Il voit bien que je ne comprends rien au système confus de la monnaie usitée dans l'Ouest, et il profite de mon ignorance.

Quand je lui reproche ses procédés, il commence par nier, avec force serments, avec de petits airs attristés, puis il finit par rire aux éclats, comme si mes reproches lui semblaient très drôles.

Pour une tasse de thé à la menthe, il ferait n'importe quoi. Avec cela, d'une paresse invincible, il a une façon de ne pas entendre les ordres qui suppose une complication de ruse animale bien profonde. Il en arrive à se moquer ouvertement des esclaves, ses aînés, et presque impunément de tout le monde.

Ba-Mahmadou, le porte-clefs, regarde Messaoud avec horreur :

— C'est une peste noire, un enfant du péché, une calamité !

Et Ba-Mahmadou roule ses grands yeux doux, essayant de foudroyer du regard Messaoud, qui rit et se sauve.

Quand le négrillon veut obtenir quelque chose, il se fait humble et caressant, avec des grâces et des minauderies. Il devient d'une prévenance exagérée, importune souvent, qui cesse d'ailleurs dès qu'on lui accorde ce qu'il voulait. Vorace et gourmand, il lèche les plats et grignote toute la journée du sucre volé.

Messaoud n'aime personne, pas même Blal, son vieux père, humble métayer dans les jardins de Sidi Brahim. Quand le vieillard se hasarde à venir jusque dans la cour, Messaoud le chasse brutalement, en affectant le mépris du domestique bien placé pour le paysan.

A tous mes reproches sur ce point qui m'intéresse — parce que j'ai vaguement idée que beaucoup d'enfants n'aiment pas naturellement leurs parents — le vaurien se contente de répondre avec des grimaces sautillantes :

— Il est sale ! Il sent le fumier ! Il est pouilleux !

Avec les marabouts, Messaoud est juste assez respectueux pour éviter les coups. Ceux-ci le grondent-ils, il tire la langue dès qu'ils ont le dos tourné.

Petit animal plein de grâces et de vices, démon familier que tout le monde tient en piètre estime, ce négrillon m'a expliqué bien des enfants blancs.

L'influence séculaire des marabouts arabes a profondément modifié les institutions et les mœurs des gens de Kenadsa.

Chez tous les autres Berbères, c'est la djemâa, l'assemblée des fractions ou des ksour qui est souveraine. Toutes les questions politiques ou administratives sont soumises aux délibérations de la djemâa. A-t-on besoin d'un chef, c'est la djemâa qui le nomme. Tant qu'il conserve son investiture, ce chef est obéi, mais il reste toujours responsable vis-à-vis de ceux qui l'ont choisi.

Ces assemblées berbères sont tumultueuses. Les passions s'y donnent libre cours; violentes, elles finissent parfois dans le sang. Pourtant, les Berbères restent toujours jaloux de leurs libertés collectives. Ils se défendent contre l'autocratie en supprimant ceux qui osent y aspirer.

A Kenadsa, l'esprit théocratique arabe a triomphé de l'esprit berbère, républicain et confédératif.

C'est le chef de la zaouïya qui est le seul seigneur héréditaire du ksar. C'est lui qui tranche toutes les questions et qui, en cas de guerre, nomme les chefs militaires. C'est lui qui rend la justice criminelle, tandis que les affaires civiles sont jugées par le cadi. Mais là encore, le marabout est la dernière instance, et c'est à lui qu'on en appelle des jugements du cadi.

Sidi M'hammed-ben-Bou-Ziane, le fondateur de la confrérie, a voulu faire de ses disciples une association pacifique et hospitalière.

La zaouïya jouit du droit d'asile : tout criminel qui s'y est réfugié se trouve à l'abri de la justice humaine. Si c'est un voleur, le marabout lui fait rendre le bien volé. Si c'est un assassin, il doit verser le prix du sang. A ces conditions, les coupables n'encourent aucun châtiment, dès qu'ils sont entrés dans l'enceinte de la zaouïya ou même sur un terrain lui appartenant.

La peine de mort n'est pas appliquée par les marabouts. S'il arrive qu'un criminel soit mis à mort, c'est par les parents de la victime ou quelquefois même par les siens, jamais sur condamnation des marabouts.

Les descendants de Sidi Ben-Bou-Ziane se montrent cependant très sévères pour les voleurs et les fauteurs de scandales parmi les ksouriens ou les esclaves, qu'ils punissent de la bastonnade.

Il est d'usage que, pendant l'exécution, l'un des assistants se lève et demande la grâce du coupable. Quelquefois ce sont les femmes qui envoient à cet effet un esclave ou une négresse : le marabout cède toujours.

Grâce à la zaouïya, la misère est inconnue à Kenadsa. Pas de mendiants dans les rues du ksar; tous les malheureux vont se réfugier dans l'ombre amie, et ils y vivent autant que cela leur plaît. La plupart se rendent utiles comme serviteurs, ouvriers ou bergers, mais personne n'est astreint à travailler.

L'influence maraboutique a été si profonde à Kenadsa, que Berbères et Kharatine ont oublié leurs idiomes et ne se servent plus que de l'arabe.

Leurs mœurs se sont aussi adoucies et policées, comparées à celles des autres ksouriens.

Les disputes et surtout les rixes sont rares, parce que les gens du commun ont l'habitude de porter tous leurs différends devant les marabouts, qui les calment et leur imposent des concessions mutuelles.

Depuis que les marabouts entretiennent des rapports de bon voisinage et même d'amitié croissante avec les Français, un sourd mécontentement envahit les cœurs, dans le bas peuple.

Personne n'ose élever la voix et critiquer les actes des maîtres On s'incline, on répète les opinions de Sidi Brahim, on les loue, mais, au fond, n'était sa grande autorité morale, on serait tout prêt à le considérer, lui et les siens, comme des M'zanat.

... Quel est l'avenir de Kenadsa et que restera-t-il, dans quelques années, de ce petit état théocratique si particulier, si fermé ?

Certes, après la dureté figuiguienne et le chaos sombre d'Oudjda, c'est vraiment une impression singulière que de trouver, à l'entrée du désert, ce coin tranquille, qui se dit marocain et qui ressemble si peu à d'autres Marocs !

EN MARGE D'UNE LETTRE

Je ne sais plus les jours. C'est le cœur de l'été. J'ai la fièvre, avec des répits dolents, lucides et voluptueux.

— Hier, j'ai reçu une lettre toute baignée d'un autre soleil que le mien. Eh quoi, parce que des yeux nouveaux vous ont souri, peut-on devenir assez égoïste pour en proposer la joie à des amis anciens ?

Quand je retournerai dans cet Alger où mon cœur chavirait, où mon désir ne se fixait plus, où la douceur orangée des matins assombrissait mon deuil, de quoi parlerons-nous si ce n'est de nous-mêmes, et comment ?

Les femmes ne peuvent pas me comprendre, elles me considèrent comme un être étrange. Je suis beaucoup trop simple pour leur goût épris d'artificiel et d'artifices. Elles radotent une éternelle comédie sur le même sujet. Elles n'admettent même pas qu'on change de costume. Quand la femme deviendra la camarade de l'homme, quand elle cessera d'être un joujou, elle commencera une autre existence. En attendant, on les a instruites à ne respirer qu'en mesure et sur un thème de valse.

Il paraît qu'une autre génération s'annonce et que certaines jeunes filles savent parler autrement qu'avec leurs yeux, sans tomber pour cela dans le bavardage de la conférence et des revendications sociales. Je n'en crois absolument rien et je m'imagine que c'est là encore une duperie d'éducation qui ne résistera pas au ton des salons.

Quels seraient, d'ailleurs, les maris de ces sincères amies, puisque les hommes, surtout en province, ne sont encore que des amateurs du jupon ? La femme, elle, sera tout ce qu'on voudra, mais il ne m'est pas démontré que les hommes soient désireux de la modifier autrement que dans les limites de la mode. Une esclave ou une idole, voilà ce qu'ils peuvent aimer — jamais une égale.

J'ai jeté ces réflexions en marge de la lettre qui me venait de si loin, qui m'apportait une fraîche et cruelle brise d'insouciance. Tout de suite après, je suis retombée à mon sentiment d'exil, avec le goût de m'enfoncer encore plus loin dans ce Sud hostile, sans aucun désir du Paris que j'ai connu et où le féminisme verbal des journaux

m'était encore moins sympathique que les coquetteries de l'instinct.

Je n'ai rien mis dans ma réponse qui valût la
peine d'être lu... A quoi bon ?

Un jour les chemins se séparent, les destinées
s'isolent. C'est déjà beaucoup que d'avoir rencontré des amis. Quand ils nous font l'honneur
de nous inviter à partager leur joie étrangère,
montrons-leur tout ce que peut la fraternité des
esprits.

Ne regrettons rien, puisque notre bonheur, et
le leur, sera de nous laisser aller un jour à des
courants mystérieux qui entraîneront nos âmes à
la dérive vers des rivages impossibles. Alors
nous goûterons l'ivresse des déchéances et des
naufrages, et, nous égarant sur les immenses
plages de la nuit, nous sentirons notre poitrine
éclater sous la germination des graines de douleur...

COLLATION AU JARDIN

Pour me distraire, me sachant malade, Sidi Brahim m'envoie une invitation à un repas au plein air des jardins de la zaouïya. Si Abdel-Ouahab, un lettré venu de l'Est pour s'établir à Kenadsa, est chargé de cette ambassade.

J'admire comme les plus petites choses prennent ici de l'ampleur et de la noblesse. Le sans-façon, le sans-gêne sont des qualités européennes qui donnent plus d'aisance à la vie. Quand on s'est habitué à la franchise du peuple, il est bien difficile de prendre au sérieux certains airs qu'affectent, à certains jours, dans certaines circonstances, les êtres les plus vulgaires, les plus incapables de délicatesse et de sentiment. Toutes leurs politesses sonnent faux. Ils ont l'air de s'endimancher en parlant. Mais ici la politesse n'est pas une formule, c'est une manière d'être et une sincérité: elle fait partie des personnages, elle s'harmonise aux costumes, elle n'a rien de nègre et rien d'affecté. Elle plaît.

Tout d'abord, l'invitation de Sidi Brahim me surprend.

En Europe ou dans le Tell algérien, personne ne songerait à organiser un repas champêtre par un temps pareil. Le ciel est d'un noir trouble, des nuages livides courent très bas, rasant presque le sommet des dunes. Ils passent, déchirés, et reviennent, tourbillonnent étrangement sur eux-mêmes comme les lambeaux d'une soie effilochée. Un vent violent les chasse, qu'on ne sent pas à terre, qui n'effleure même pas les crêtes des dattiers immobiles. De lourdes gouttes chaudes commencent à tomber.

Mais voilà justement un temps d'épanouissement. Ici, dans le désert que brûle la soif éternelle, c'est une volupté, que cette légère humidité de l'air, ce ciel sans éblouissement et sans chaleur. Il n'est pas jusqu'à la caresse un peu brutale de la pluie qui ne fasse frémir la peau desséchée.

Je puis à peine me traîner, après les dix jours de souffrance que j'ai passés, couchée sur une natte, terrassée par la fièvre. Pourtant, je me rends à l'invitation.

Le jardin est au pied des hautes maisons du ksar. Les cultures s'étagent mollement jusqu'à une terrasse, où sont étendus de beaux tapis du Djebel-Amour, dont la haute laine molle prend des reflets de velours sombre sous la lumière terne de l'orage.

8

En bas, les vignes vierges grimpent aux troncs sveltes des dattiers, s'enroulent librement autour des branches grises et tordues des figuiers. Deux jeunes gazelles captives jouent à se poursuivre sous les feuillages et sautent les séguia envahies de menthes dorées.

Sidi Brahim s'est accoudé sur un coussin.

Autour de lui, quelques parents, des intimes, des familiers.

Voici Taleb Ahmed, le khodja (secrétaire) de la zaouïya; de haute taille et robuste, avec un fort afflux de sang nègre sous sa peau luisante. Intelligent et observateur, Taleb Ahmed contraste avec le marabout par des expressions de visage, simples, presque joviales.

Si Mohammed, le prédécesseur de Taleb, vrai ksourien berbère à la figure large et pâle, à la barbe rare, presque rousse, avait été éloigné du maître pendant quelque temps. Il se tient là, lui aussi, il semble rentrer en faveur.

Déjà plus absent, moins attentif, avec son sourire doux, comme timide, Sidi Mohammed Laredj reste silencieux, à demi couché sur le tapis, dont il suit du doigt les arabesques. Son expression pensive et bienveillante accuse des méditations et des détachements sans rien d'ascétique : il y a dans son regard un certain reculement d'artiste qui voit le monde en spectacle.

Tout autre est l'expression directe de Sidi Em-

barek, oncle maternel de Sidi Brahim. Sur son fin
visage bronzé et dans son œil sans profondeur se
lisent les passions qui n'attendent pas, les déter-
minations subites, la naïveté fière de l'Arabe de
parade, décoratif et fait pour les décorations :
type connu à Alger dans les antichambres des
bureaux et aux terrasses des cafés. C'est la forte
tête de la famille. Il a eu des aventures, qui toutes
se ressemblent beaucoup...

Dans le jardin, les esclaves préparent les petites tables basses et les plats recouverts de hauts
entonnoirs en paille teinte de couleurs vives.

Naturellement, la conversation roule sur les
affaires du Maroc, sur le Tafilala, et on pro-
nonce les noms abhorrés du Rogui et de Bou-
Amama.

Mais, aujourd'hui, Sidi Brahim n'a pas reçu de
mauvaises nouvelles, et tout le monde est gai. On
raconte des anecdotes plaisantes avec cette absolue
pureté de langage qu'observent les musulmans
bien nés en public et surtout entre proches.

Dans les dattiers, que la pluie a dépouillés de
leur suaire de poussière et qui bleuissent sous le
ciel morose, tout un peuple d'hirondelles s'agite,
avec de petits cris brefs et aigus.

— C'est ici la djemâa (assemblée) des oiseaux,
dit Taleb Ahmed. Ils s'y réunissent, pour régler
les affaires de leur tribu et prendre les décisions
graves. Ces bestioles, à peine plus grosses que des

mouches, font autant de tapage que cent Doui-Menia, discutant tous à la fois.

Et les graves marabouts rient à cette critique de leurs turbulents voisins.

Les gazelles familières se sont approchées, elles jouent avec les convives, esquissent des feintes tortueuses, pour se jeter ensuite brusquement en arrêt.

Après le repas au pain azyme qui sent bon et où on trouve des grains d'anis, c'est le thé, l'éternel thé que Sidi Embarek prépare gravement, avec les gestes consacrés. Faire le thé, c'est ici une besogne d'homme, et d'homme libre.

A la tombée du jour gris, nous partons, car l'heure de la prière du moghreb approche.

Dans l'ombre du ksar, les marabouts se dispersent, avec des salutations lentes.

J'emporte avec moi le souvenir de cette collation orientale sur la terrasse du jardin. Je pense à toutes ces générations de marabouts de Kenadsa qui sont venus là par les jours d'ombre.

Ce fut pour eux le même plaisir, les mêmes sensations, les mêmes paroles. Encore une fois, me voici ramenée à cette impression d'immobilité des êtres et des choses que j'ai éprouvée dans toutes les vieilles cités d'Islam, et qui donne, en quelques minutes, l'illusion de leur durée, presque de leur éternité.

LA RÉVOLTÉE

Aujourd'hui, après la prière du vendredi, je trouve le ksar tout en émoi : une jeune femme musulmane et blanche s'est pendue.

Je me mêle à la foule qui stationne devant sa maison, d'où montent les lamentations funèbres des femmes.

Je prends des renseignements, je reconstitue le drame, je cherche à en pénétrer les raisons... Elle ne s'entendait pas avec ses parentes, me dit-on, elle n'avait personne à qui se plaindre ; son mari, Hammou Hassine, ne l'écoutait pas. Il voulut la mater par les coups. La petite Bédouine, farouche, après des révoltes, s'était résignée, en apparence du moins. C'est que le sentiment de la liberté, d'une étrange liberté, était entré en elle.

Plusieurs fois elle s'était enfuie chez son frère, qui la rendait à son mari. On l'empêchait d'aller demander la protection du cadi ou de Sidi Brahim. Elle était esclave, plus esclave que les négresses, car elle souffrait de sa servitude. A la fin, elle s'était calmée, car elle avait compris le grand secret de la libération morale. Un soir que tout le monde était à la mosquée, elle avait rassemblé ses forces pour l'évasion, elle s'était haussée sur ses petits pieds, elle s'était accrochée au-dessus de la vie et de sa condition avec sa longue ceinture de soie, sans un mot de confidence à personne, en isolée.

Une race où le suicide est encore possible est une race forte. Les animaux ne se suicident jamais, les nègres non plus, à moins qu'ils soient exaltés par l'alcool. Le suicide aussi est une ivresse, mais une ivresse de volonté.

Le peuple inerte s'est détourné avec horreur de celle qui oublia son devoir de vivre. Pourtant, des lettrés ont pris Embarka en pitié et viennent prier sur son cadavre, que les matrones ont lavé et cousu dans le linceul égalitaire de l'Islam.

Le corps est étendu sur une natte, au milieu de la cour. Ce n'est plus qu'une vague forme rigide, immaculée.

Les lamentations des femmes ont cessé. On n'entend plus que la mélopée de quelques hommes qui psalmodient, en cadence lente, le chapitre du Coran intitulé «Ya-Sine», qui est la prière des morts.

Tout est devenu calme, solennel, serein, dans cette cour, d'où les femmes bruyantes se sont retirées.

... Les voix s'élèvent en un chant triste et doux : c'est maintenant la « Borda » l'élégie des enterrements.

On étend le corps sur le brancard mortuaire en bois brut, et on le recouvre d'un grand voile rouge. Encore du silence et de l'attention, puis quatre hommes chargent le petit corps d'amour sur leurs épaules, et le triste cortège s'en va vers les cimetières.

On pose le brancard sur le sable et on se range en demi-cercle, la face tournée vers la direction de La Mecque : c'est la dernière prière pour Embarka.

Sur le tertre, que le vent commence déjà à effacer, on plante trois palmes, qui sécheront vite.

Hammou Hassine, un homme grossier, laid et contrefait, dispose à terre, sur un mouchoir de coton rouge, des figues sèches et des galettes azymes : c'est la « sadaka » l'aumône rituelle qu'on fait aux pauvres en souvenir du défunt, et qui remplace les inutiles bouquets et les couronnes en clinquant.

C'est fini. Nous nous en allons, à la débandade. Les vieux lettrés rigoristes n'ont pas accompagné le convoi de la suicidée. Seuls, les jeunes étudiants ont prié pour elle, parce que la jeunesse devine des choses que les hommes, pour la plupart, oublient dans leur maturité.

— Si rares sont ceux qui peuvent se développer longtemps !.. On s'arrête vite de grandir par la pensée.

L'un d'eux m'a dit : « Elle était malheureuse ! » Il ne savait probablement pas ce que c'est que le malheur. Quand les hommes ont compris la souffrance, ils deviennent durs. Ils ne compatissent pas, ils condamnent... Et pourtant il me semble que le cœur devrait s'ouvrir de plus en plus.

Il y a des savants qui ont voulu apprendre jusqu'à leur dernier jour... Pourquoi ce qui est vrai dans l'intelligence le serait-il moins dans l'éducation des sensations ? Depuis que je vis dans cette zaouïya, dans l'ombre de l'Islam, depuis que j'ai la fièvre et que je suis seule, volontairement seule, j'ai pris certaines heures de mon passé turbulent en horreur, mes sens ont plus de délicatesse. Après cette retraite, si je reviens vers la vie qui passe, je saurai comprendre l'amour...

Il est quatre heures et le siroco tombe enfin,
brusquement. Peu à peu les poussières se dissipent, une brise légère souffle de l'est. On commence à respirer. Les portes claquent. Ksouriens
et marabouts se montrent dans les rues où le vent
a étendu un suaire de sable fin. Au ciel, des
vapeurs grises traînent encore sur l'horizon
enflammé.

Un bruit s'élève dans le ksar, une sorte de mar-
tellement cadencé et sourd qui se rapproche lentement. Ce sont les tambours soudanais qui s'a-
vancent. Leur bruit insolite apporte dans le
décor saharien de Kenadsa une note plus bizarre
d'Afrique plus lointaine.

A travers des siècles d'Islam, les Soudanais ont
conservé les pratiques d'une antiquité fétichiste,
une poésie de bruit et de gesticulations qui eut
son plein sens dans les forêts hantées de mons-
tres. Sur le bondissement sourd des tambours se

détache le rire clair des doubles castagnettes de cuivre, liées aux poignées par des lanières de cuir. En tête du cortège quelques nègres dansent. Ils dansent naturellement, pour le plaisir de se trémousser. — Il y a toujours dans les danses sautées quelque chose de nègre. La danse mauresque, dite danse du ventre, a au contraire, par certaines attitudes lentes, une signification de danse sacrée qui vient d'un Orient plus métaphysique.

Derrière les musiciens tapageurs et simiesques, la foule des esclaves chante une mélopée mi-arabe mi-soudanaise, coupée de refrains criards et monotones.

Une nuée d'enfants bourdonne comme un essaim de mouches. Les négrillons sont naturellement comiques avec leurs touffes de cheveux gommés sur leurs petits crânes luisants et leurs chemises terreuses. Les petits blancs, marabouts minuscules en gandouras de couleurs vives, la peau à peine cuivrée par le soleil, les traits fins, ont des airs vaguement chinois, avec leur tresse unique de cheveux lisses retombant dans le dos, du sommet de leur tête rasée. Tout cela rit aux éclats et danse autour des Soudanais impassibles, qui se souviennent vaguement que leur fête est un rite sacré de leur race.

Les musiciens s'arrêtent, quittent leurs sandales et viennent d'abord baiser les vêtements des marabouts, puis ils se forment en demi-cercle et reprennent leur tapage.

Deux des chanteurs entrent dans le demi-cercle et, l'un en face de l'autre, commencent à danser avec des bonds de singes et de brusques accroupissements. Ils frappent du pied le sol, ils frappent les paumes rosées de leurs mains au-dessus de leur tête. Tout leur vieux sang nègre se réveille et déborde, triomphant des habitudes artificielles de réserve imposées par l'esclavage. Ils redeviennent eux-mêmes, à la fois naïfs et farouches, avides de jeux enfantins et d'ivresses barbares, très proches de l'animalité primitive.

L'un des danseurs surtout s'excite jusqu'à la folie, un vieillard au mufle osseux et aux longues dents jaunes, avec des yeux extatiques.

Je trouve à ce spectacle de sauvagerie une saveur très âpre dans ce décor simple, sur le fond terne des murailles de toub, que le soleil commence à teinter d'une délicatesse de chair rose.

Les Soudanais s'affalent tout à coup prostrés, terrassés. Après une seconde d'inertie, de petite mort, ils se redressent à demi, s'accroupissent péniblement, tournés vers Sidi Brahim.

Une forte odeur de fauve monte de leurs voiles trempés de sueur, de leur peau ruisselante, qui paraît plus noire.

Toutes les mains s'élèvent devant les visages, les paumes ouvertes, comme des livres.

Sidi Brahim récite la « Fatiha », le premier chapitre du Koran.

Puis, il appelle la bénédiction de Dieu et de Sidi M'hammed-ben-Bou-Ziane sur les noirs, sur tous les assistants, les habitants du territoire de Kenadsa, sur tous les Ziania et tous les Musulmans et toutes les Musulmanes, morts ou vivants.

Après, par une attention touchante, le marabout prie Dieu de protéger et de secourir en tout temps et en tout lieu le serviteur du Seigneur et de son Prophète, Si Mahmoud-ould-Ali l'Algérien... Je salue.

SOUFFLES NOCTURNES

C'est l'heure du soir où, le soleil déclinant dans
une atmosphère rafraîchie par les premiers souffles nocturnes, les murs de toub dégagent toute la
chaleur qu'ils ont accumulée pendant le jour.
Dans les maisons c'est alors un étouffement de
four, mais, au dehors, il fait bon sous la caresse
des premières ombres. Et je reste longtemps paresseuse, étendue, le regard noyé dans le vague
du ciel encore lilas. Et j'écoute s'éteindre les derniers bruits de la zaouïya et du ksar : portes qui
grincent et se ferment lourdement, chevaux qui
hennissent, chèvres qui bêlent sur les terrasses,
braiements des petits ânes d'Afrique, tristes
comme de longs sanglots, voix grêles des négresses...
Plus près, dans la cour, ce sont des sons de
tambourin et de frêles guitares à deux cordes,
accompagnant des modulations vocales bien
étranges et plus près de la plainte amoureuse que

de la musique. Parfois, les voix baissent, tout se tait, le sang parle seul.

La vie recommence et sur les terrasses des maisons d'esclaves paraissent des nattes, des tapis, des sacs.

L'oreille s'intéresse encore à des choses étouffées, à des bruits de cuisine, à des querelles à voix basse, à des prières murmurées. Et l'odorat s'émeut aux émanations qui montent avec les fumées d'un amas confus de chairs noires, où les flammes des foyers jettent des lueurs joyeuses. Cependant sur les portes des maisons maraboutiques se profilent d'autres silhouettes. C'est la vie quotidienne, toute la vie du ksar, et je la regarde comme une chose de tout temps connue et toujours nouvelle.

Vers la droite, au delà du Mellah, un pan de mur reste éclairé, très tard. D'étranges ombres se jouent sur ce fond rougeâtre. Tantôt elles oscillent, passant et repassant lentement, tantôt elles semblent danser avec fureur. Après que toutes les voix se sont tues, quand tout dort alentour, les Aïssaouas veillent encore.

Dans la nuit qui fraîchit insensiblement, les khouans de la confrérie illuminée battent du tambourin et tirent des plaintes stridentes de la rhaïta. Ils chantent aussi, lentement, comme en rêve.

Leurs corps en moiteur se balancent en un rythme de plus en plus rapide au-dessus des braseros de charbons ardents, d'où s'élèvent d'enivrantes fumées de benjoin et de myrrhe. Ils cherchent ainsi l'oubli et la volupté dans l'extase.

J'écoute encore autre chose. Je vois encore d'autres formes quand les Aïssaouas se sont eux-mêmes assoupis...
' Une haleine troublante me vient des terrasses. Je sais, je devine, j'entends : ce sont des soupirs, des râles dans la nuit parfumée au cinnamone. Sous les étoiles tranquilles, le rut ardent. La langueur de la nuit chaude mêle des chairs renaissantes de désir, et ce sont des étreintes, un autre effroi : sentir que les dents grincent dans des spasmes mortels, que les poitrines râlent... Quelle angoisse ! Il me semble que je mordrais la terre chaude, mais la véritable volupté est plus haute, dans la scintillation des étoiles, dans le souvenir des yeux retrouvés et des heures vécues, des heures si bellement perdues.

Tout à l'heure, les Aïssaouas illuminés chantaient des cantilènes asiatiques, célébrant la béatitude de la non-existence. A présent, les Africains noirs chantent, inconsciemment, un grand hymne d'amour, à l'éternelle fécondité. Et moi je sais encore des musiques plus étranges et plus fortes, des musiques qui font saigner le cœur en silence, celles que des lèvres ont murmurées, des lèvres absentes qui boiront d'autres souffles que le mien, qui respireront une autre âme que la mienne, parce que mon âme ne pouvait pas se donner, parce qu'elle n'était pas en moi, mais dans les choses éternelles, et que je la possède enfin dans la profonde, dans la divine solitude de toute ma chair offerte à la nuit du Sud.

Au matin, le vent d'ouest arriva soudain.

Ce vent, qu'on voit venir, soulevait des spirales de poussière, comme de hautes fumées noirâtres. Il s'avançait dans le calme de l'air, avec de grands soupirs qui devenaient bientôt des hurlements ; je lui prêtais des accents animés, je me sentais soulevée dans la grande embrassée de ses ailes de monstre accouru pour tout détruire. Et le sable pleuvait sur les terrasses, avec un petit bruit continu d'averse.

CHEZ LES ÉTUDIANTS

Le soir de ce jour-là, l'esclave Farradji vint me chercher, très mystérieusement, comme s'il s'agissait d'un complot.

Il m'annonce que Si El-Madani, frère de Si Mohammed Laredj, et quelques-uns de ses camarades, étudiants à la grande mosquée, m'invitent à aller prendre le thé chez eux...

J'évoque involontairement les descriptions de ces orgies ignobles que le livre de Mouliéras, « Le Maroc inconnu », prête aux étudiants marocains. Pourquoi Farradji prend-il toutes ces précautions pour me transmettre l'invitation de ces jeunes gens ?

J'ai rencontré plusieurs fois El-Madani à la prière. C'est un jeune homme mince, chétif, aux manières polies. Cependant, j'accepte l'invitation.

Nous traversons des écuries vides, des cours silencieuses où des arbres centenaires tordent leurs troncs caducs. Personne dans tout ce quartier. Nos pas résonnent sur les dalles, comme si nous passions sous des voûtes.

Au sortir d'un dédale noir et humide de corridors encombrés de pierres et de débris, nous entrons tout à coup dans une délicieuse petite cour entourée d'arceaux d'un blanc fané.

Par-dessus le mur, comme accoudé sur la terrasse, un dattier balance doucement sa tête aux frondaisons courbées. Une vigne vierge monte le long d'un pilier et s'enroule autour du tronc oblique du palmier, pour retomber en pluie de feuilles et de petites grappes naissantes.

Si El-Madani et quelques autres étudiants viennent à ma rencontre.

Avec une grande courtoisie, ils me souhaitent la bienvenue. Ce sont des fils de marabouts ou de ksouriens, pâles, frêles, comme étiolés dans l'ombre morne du ksar.

Si Abd-el-Djebbar, un nomade des Hamian de Méchéria, venu à la zaouïya pour étudier, se distingue entre tous. Il dépasse de toute la tête les sédentaires dégénérés, ce fils des guerriers de la frontière, robuste, musclé, avec la fierté mâle de ses attitudes, ses traits sobres et fins, son teint bronzé et le regard de ses longs yeux roux, brillants d'une flamme qui n'est sans doute pas celle de l'intelligence.

Nous entrons dans la salle de thé par une porte

à deux battants sculptés qui grincent sur des gonds rouillés. Là règne un demi-jour vaporeux. L'élégance de quelques fines colonnes, avec la dentelle d'une frise d'arabesques fouillées dans la pierre laiteuse, contribue à l'agrément du lieu. De petites lucarnes s'ouvrant dans une coupole sur la moire lumineuse du ciel, versent une lumière pâle sur les faïences vert Nil qui garnissent les murailles à hauteur d'homme et sur celles de l'aire usée.

Une marche en pierre conduit à la seconde moitié du vaste appartement, un peu surélevée. Là, des tapis de Rabat, des matelas de laine blanche tapissent le sol.

Sous les poutrelles noires du plafond, entrelacées de roseaux teints en vert et en rouge, une inscription court tout autour des murs, en lettres de cinabre : « *el afia el bakia* » — la santé éternelle.

Dans de petites niches, sur des étagères, sur les grands coffres peints de fleurs d'or terni, un fouillis d'objets disparates s'entasse.

Livres arabes, ustensiles de cuisine, vêtements et objets de sellerie, instruments de musique et armes, tout se heurte dans un désordre charmant. Contrastant avec des poteries vulgaires venues par Béchar, une gracieuse cruche de Venise s'isole par son cristal ému d'une teinte rare.

Voici encore des lampes en cuivre au long bec, une porcelaine verte historiée de trèfles, des faïences aux couleurs fondues et, pour parfaire la joie des yeux, sous une soie éclatante, avec de beaux plateaux et l'attirail du thé, les petits verres multicolores s'offrent comme des fleurs sauvages.

Je m'installe près de la fenêtre grillagée qui donne sur un chaos de ruines délavées par les pluies. Cette matière d'habitation, qui fut douce aux humains, tombe en poussière et redevient de la terre aride sous le soleil.

Farradji et son frère Khaddou allument des palmes sèches dans la cour, pendant que Si El-Madani m'explique, sans que je le lui aie demandé, la raison du mystère voulu dont le nègre a entouré l'invitation des étudiants.

« — Tu sais, Si Mahmoud, que les usages et les convenances exigent que nos parents et nos aînés ignorent nos plaisirs ou puissent au moins feindre de les ignorer. Nous nous réunissons ici pour passer les heures en réjouissant nos cœurs par la musique et la récitation des œuvres sublimes des poètes anciens, et par des entretiens cordiaux. Ce qui se passe ici, il faut que personne, sauf Dieu et nous, ne le sache... sans cela, quelque innocents que soient nos divertissements, nous en éprouverions une grande honte et nous nous attirerions de sévères reproches. C'est pourquoi j'ai choisi cet appartement, seul resté habitable dans cette vieille casbah que m'a léguée mon aïeul Sidi Bou-Médine. Ici personne ne passe, personne ne vient nous donner des conseils, et présider aux libres divertissements de notre esprit. »

La réunion se passe en conversations. Comme pour en préciser l'intimité récréative, un des lettrés musulmans, après nos présentations, se remet à son travail de couture et cherche des soies pour une gandoura blanche qu'il orne de délicates broderies. Parmi les étudiants marocains, ces travaux de couture et d'ornementation des tissus sont fort en honneur : ils sont une preuve de goût ; ce n'est pas déchoir que de s'y livrer même en public.

El-Madani prend une guitare à trois cordes et se met à chanter, d'une voix nonchalante, un vieux motif andalou, qui se traîne et tourne autour d'une même note. Son cousin Mouley Idris, adolescent chétif au teint bilieux, l'accompagne en sourdine sur un tambourin. Le beau Hamiani Abd-el-Ddjebbar ne voit dans la musique qu'un motif de bâiller ; étendu de tout son long sur le tapis, il reste là, comme un grand sloughi, étirant ses muscles secs de cavalier que l'inaction énerve.

J'écoute le chant langoureux et triste, et je songe à ce qu'est la vie de ces étudiants musulmans.

Pendant des années, des études scolastiques dans le cadre nu et simple des mosquées anciennes, des xercices pieux, allant pour la plupart de ces jeunes gens, qui sont déja affiliés à des confréries mystiques, jusqu'à l'extase quotidienne.

Sous toute cette austérité obligée se cache une grande gaîté naïve, une sensualité ardente qui engendre les aventures les plus compliquées, les plus dangereuses, et, il faut bien le dire, surtout ici, dans l'Ouest, beaucoup de vices cachés. Une vie presque cloîtrée favorise cette perversion des sens.

Un beau jour l'étudiant marocain, subissant sans murmurer l'autorité paternelle, se marie sans joie. Alors son existence change. C'en est fini du rêve et de l'étude. Il entre dans la société, il n'existe plus dans ses vices personnels et dans sa félinité ; il prend les manières de son monde, calmes et imposantes, un visage correct et figé.

Bien souvent il regrettera cependant l'atmosphère voluptueuse de l'insouciante « bith-es-sohfa », le lieu de réunion, la chambre commune des étudiants.

Marabouts ou notables, les jeunes lettrés prennent vite un air d'importance. Quelques années, quelques mois suffisent pour modifier à fond leur caractère. Ils prennent part aux délibérations de la djemaâ, et un homme qui délibère ne pense pas trop pour lui-même. Ils font la guerre, beaucoup d'entre eux voyagent à travers les pays musulemans, d'autres vont à La Mecque..

L'ancestralité reprend tous ses droits et ne permet guère à l'individu de se développer. Il devient vite l'homme de son milieu. Il prend du plaisir et de l'orgueil à être celui-là. Quand, au bout de quelques années, ces anciens étudiants, chanteurs et liseurs de vers, auront vu leurs fils grandir, ils leur imposeront impitoyablement la règle sévère dont ils se plaignaient si souvent dans leurs entretiens de jeunes hommes, et ceux-là seront alors amenés à leur tour aux plaisirs secrets.

Chez le musulman bien né, surtout à la ville, rien des affaires personnelles, vie familiale, plaisirs, amours, ne doit se manifester au dehors.

L'affichage des plaisirs, cher aux étudiants d'Europe, est inconnu dans l'Islam. Tout jeunes, les Marocains lettrés sont préparés à cacher leur joie. Ainsi s'explique leur nature ardente mais contenue, leurs fortes passions intérieures, sans surface appréciable, leur intellectualité voluptueuse si vite fanée.

L'heure passe. Mes idées se font plus vagues, je me laisse aller au grand charme mélancolique et suranné des instruments, sans désir d'action, dans ce décor d'inaltérable résignation où tout agonise sans secousses, avec sérénité, sous le soleil couchant de l'Islam. Les lettres rouges de la devise de foi, qui rampe autour des murailles, étendent leurs arabesques dans l'ombre. Mon esprit se calme sous une caresse d'ivoire.

... Le contact du temps possédé est comme celui d'une main froide et pâle sur un front brûlant...

Force et quiétude des choses qui semblent durer indéfiniment, parce qu'elles s'acheminent doucement vers le néant, sans fracas, sans révolte, sans agitation, sans même un frisson vers l'inévitable mort...

RÉFLEXIONS DU SOIR

Le soir — encore un soir — tombe sur la zaouïya
somnolente. Des théories de femmes drapées, flam-
mées de couleurs vives, s'en viennent à la fontaine
comme depuis deux siècles d'autres y sont venues,
avec la même démarche souple et forte des reins,
les pieds nus bien posés à plein sur le sol poudreux,
d'autres qui passèrent ici et qui ne sont plus aujour-
d'hui qu'un peu d'ingrate poussière perdue sous les
petites pierres du cimetière de Lella Aïcha.

Le vent léger frissonne dans les palmes dures
d'un grand dattier héroïque, dressé derrière le
mur comme un buisson de lances. — De tous les
arbres, le dattier est celui qui ressemble le plus à
une colonne de temple. Il y a de la guerre et du
mysticisme, une croyance en l'Unique, une aspira-
tion, dans cet arbre sans branches. L'Islam naquit,
comme lui d'une idée de droiture et de jaillisse-
ment dans la lumière. Il fut l'expression dans
le domaine divin des palmes et des jets d'eau.

...Je sens un calme infini descendre dans le trouble

de mon âme lasse. Ma légèreté vient de moi-même, du poids d'un jour brûlant enfin soulevé et de la douceur de l'ombre naissante sur mes paupières sèches.

C'est l'heure charmante où, dans les villes du Tell, des alcools consolateurs exaltent les cerveaux paresseux... Quand le ciel chante sur les villes, l'homme a besoin de se mettre à l'unisson et, manquant de rêve, il boit, par besoin d'idéal et d'enthousiasme.

Heureux celui qui peut se griser de sa seule pensée et qui sait éthériser par la chaleur de son âme tous les rayons de l'univers !

Longtemps j'en fus incapable. Je souffrais de ma faiblesse et de ma tiédeur. Maintenant, loin des foules et portant dans mon cœur d'inoubliables paroles de force, nulle ivresse ne me vaudra celle qu'épanche en moi un ciel or et vert. Conduite par une force mystérieuse, j'ai trouvé ici ce que je cherchais, et je goûte le sentiment du repos bienheureux dans des conditions où d'autres frémiraient d'ennui...

Un jour, une jeune femme délicate, qui voyait s'évaporer son sang trop pâle sous le ciel d'Alger, me disait, alanguie aux coussins de sa chaise longue, en écoutant les bandes bruyantes qui descendaient des hauteurs de Mustapha un soir de dimanche : « Faut-il que la vie soit triste pour qu'on y chante si fort ! »

Hélas! nous avons tous plus ou moins fait du bruit. C'était notre sauvagerie d'étudiant qui se dépensait.

Les souffrances de l'amour devaient ennoblir notre destinée. La chance nous fut donnée de ne pas jeter l'ancre sur un bas-fond de bonheur où notre existence aurait passé, balancée sur les molles petites lames de la vie quotidienne. Applaudissons-nous d'avoir connu la terre et d'avoir su la place toute petite que pouvait y occuper la plus grande pensée. Ici nous avons touché un coin du monde où la soif des innovations n'altère .personne. La vie matérielle s'y marque cependant en empreintes fortes...

Quels sont donc les événements qui passionnent ces nomades, représentants du passé le plus ancien, et ces marabouts pleins de sérénité qui, dédaignant le travail, baignent leur front dans une lumière d'avenir?

Leur vie passe sous mes yeux et je m'y réfléchis.

Je veux encore ce soir me mirer dans cette belle eau du Sud. Je veux encore boire l'eau que les femmes vont chercher à la fontaine du désert, la sentir couler sur mes mains que la fièvre échauffait, la voir s'égrener entre mes doigts comme le chapelet de la plus haute sagesse...

LE RETOUR DU TROUPEAU

A côté de moi, sur la terrasse encore ardente,
Ba-Mahmadou ou Salem chante doucement les
vieilles litanies du Prophète. La lumière rouge de
l'occident oxyde de reflets de bronze son visage
sombre et réchauffe ses voiles blancs...

Tout à coup, dans le silence du ksar déjà prêt
à s'endormir, un grand bruit de voix s'élevė, suivi
de grincements de portes, de bêlements confus et
de cris de joie :

« Voici le « harrag » qui revient ! On ramène le
« harrag ! » Et en effet, c'est le retour inespéré du
grand troupeau des marabouts et des ksouriens,
qui avait été razzié dernièrement par des pillards
arabes et des Berabers Aït-Khebbach.

Ces détrousseurs avaient emmené le troupeau
vers l'Ouest, mais le chérif Ziani de l'endroit, Mouley Ahmed s'étant fait expliquer la provenance de
ce butin, dit à ses gens qu'ils avaient commis un
grand péché en enlevant le troupeau de la zaouïya

sur un terrain sacré. « Vous avez dérobé, leur expliqua-t-il, le bien des pauvres, des voyageurs, des orphelins... Si vous voulez que Dieu et Sidi M'hammed-ben-Bou-Ziane vous accordent leurs grâces, vous n'attendrez pas pour le restituer. »

Après quelques hésitations, les pillards se sont rendus aux injonctions de Mouley Ahmed et ils ont désigné un de leurs alliés, El-Hassani, des Berabers Aït-Atta, pour ramener le « harrag » à Kenadsa et pour solliciter en leur nom le pardon de Sidi Brahim.

Les esclaves courent annoncer l'heureuse nouvelle au marabout qui achevait de prier dans l'ombre fraîche de ses grands appartements blancs. Je veux assister de près à la scène du pardon et je descends à la suite du marabout.

Les chèvres noires envahissent la cour, se tassent, sautent, affolées, les unes sur les autres, se réfugiant jusque dans la longue mangeoire des chevaux. Trois hommes à pied les poussent, des esclaves noirs venus de Bou-Dnib et fortement armés.

Le Berbri El-Hassani, monté sur un maigre cheval gris, met pied à terre devant la grande porte.

Sidi Brahim, la main appuyée sur l'épaule du petit Messaoud, s'avance lentement, péniblement, à travers la confusion du troupeau.

— Soyez les bienvenus, mes fils ! Que Dieu vous

récompense de la bonne œuvre que vous venez d'accomplir !

Alors ces durs hommes baisent pieusement les voiles et les mains du marabout, très ému, qui les embrasse à son tour...

Beau tableau d'histoire immémoriale !

GENS DE L'OUEST

El-Hassani est un jeune homme de taille
moyenne, imberbe, maigre et musclé. Il porte
des vêtements modestes de laine blanche très
propre. Sur son crâne s'enroule la « tercha » qui est
un petit turban rond ; des lanières de cuir, passées
entre les orteils, attachent à ses pieds la sandale
du nomade. Son mince visage pâle se découpe
énergique et intelligent, avec un sourire moqueur qui
vient errer souvent sur ses lèvres fines. El-Hassani
passe pour un homme de poudre.

Tandis que les nègres de Bou-Dnib échangent
des salutations et des accolades avec leurs frères
de Kenadsa, le Berbri demeure assis près du
mur, sa carabine Winchester entre les genoux.
Il attend, indifférent et muet.

Sidi Brahim vient me demander, sur la terrasse
où nous sommes remontés, s'il me déplairait
qu'El-Hassani et Mouley Sahel, l'un des noirs de
Bou-Dnib, soient logés avec moi.

J'accepte avec curiosité ce voisinage. Longuement le marabout me parle alors des Berabers.

— Si jamais tu veux aller dans l'Ouest, les Berabers et surtout les Aït-Atta te seront les meilleurs guides. Quand l'un d'eux t'a dit : « Tu es sous le doigt de Dieu et sous le mien, je réponds de toi », tu peux aller avec lui partout où il voudra te conduire. Tu reviendras sain et sauf, à moins que vous mouriez tous les deux. Jamais les Berabers ne trahissent la foi jurée.

Puis, le marabout ajoute en riant :

— A présent, si tu veux juger de l'adresse de ces gens-là, suis bien les mouvements d'El-Hassani qui est encore dans la cour.

Du haut de la terrasse je jette un regard, par l'un des créneaux, dans la cour encombrée d'esclaves et de ksouriens allant et venant pour reconnaître les chèvres. El-Hassani, indifférent à tout ce tumulte, est encore à son poste. Il a rempli sa mission et cela lui suffit.

Sidi Brahim se lève et appelle le Berbri :

— Viens nous rejoindre, mon fils, et passe par la terrasse.

Le Berbri se lève en souriant. Il jette son fusil sur son épaule et fait de son burnous un paquet que, d'un tour de poignet vigoureux, il lance à nos pieds.

Un instant, il inspecte le mur en toub lisse qui est bien haut de six ou sept mètres.

Soudain, avec une agilité de singe, il saute et se cramponne, par les ongles de ses mains et de ses pieds nus, à des aspérités que je ne distingue même pas. Presque d'un seul élan, il est sur le parapet de la terrasse.

Merveilleuse escalade !

— Si El-Hassani, lui dis-je, il vaut en vérité mieux être ton ami que ton ennemi, car où pourrait-on te fuir ? Les murs n'existent pas pour toi.

Le Berbri sourit et répond avec une parfaite bonne grâce :

— Mouley Mahmoud, tous ceux qui servent Sidi M'hammed-ben-Bou-Ziane sont mes frères et ils sont mes amis.

Il parle arabe avec un léger accent, qui n'est pourtant pas celui des autres Berabers.

El-Hassani a les manières calmes et aisées d'un homme qui se sait de la valeur, qui se sent sûr de lui-même. Mouley Sahel, son compagnon noir, qui s'est contenté de monter par l'escalier, lui parle en langage berbère et le presse en riant. Pour répondre au désir de son compagnon plus que par fanfaronnade, El-Hassani nous raconte alors une aventure qui lui est arrivée il y a trois ans.

— Je voulais, avec mes frères, les Aït-Atta, tirer vengeance des gens d'un ksar situé sur la route du Tafilala. Nous chassâmes d'abord les ksouriens. Comme la nuit approchait, nous voulûmes occuper une petite casbah isolée et bien close.

J'escaladai le mur pour aller ouvrir les portes. Arrivé au faîte, comme je voulais descendre à l'intérieur, je fus assailli par quatre ou cinq ksouriens cachés dans la cour. Ils me criblèrent de coups de fusils et de pierres. Je voulus m'installer sur la crête du mur pour fusiller à mon aise ces chiens, mais je fus pris à la pointe d'une poutre par les plis de mon seroual (1). Alors, suspendu en l'air, mais les bras libres, je commençai le feu. Je suis sûr d'avoir tué deux des ksouriens, ceux qui avaient des fusils ; quant aux autres, ils se sont sauvés et ont sauté le mur opposé pour fuir dans la campagne, et mes compagnons se sont chargés de les coucher dans l'alfa. — Dans l'intérieur de la casbah, il y avait du blé moulu, des outres de beurre, une citerne fraîche et des dattes douces : nous avons fait un bon repas en récompense de nos peines.

El-Hassani nous raconte cela comme un incident drôle et sans importance de sa vie d'escaladeur de murailles.

Sidi Brahim nous quitte.

Les deux hommes de l'Ouest, fatigués, s'étendent sur le tapis, leurs fusils sous les burnous pliés qui leur servent de coussin. Ils s'endorment vite. Je reste seule éveillée dans la clarté diffuse de la chambre éclairée de lune.

(1) Large caleçon arabe.

Ces voyageurs repartiront demain. Ils auront
passé comme des ombres fantastiques dans ma
vie, avec des gestes de pantomime guerrière. Je
songe à d'autres pantins moins beaux, mus par
des ficelles moins solides. J'imagine El-Hassani,
tiraillant dans le vide, au milieu d'un cirque d'amateurs européens qui l'applaudiraient, assis sur
des banquettes de velours cramoisi, en croquant
des friandises, et je songe aussi à ce que me disait
Sidi Brahim : je me dis qu'il serait en vérité si
simple de partir un jour, avec des hommes comme
ceux-là, de promener mon rêve et ma soif d'inconnu à travers les zaouïya du Maroc, à Bou-
Dnib, au Tafilala, vers la lointaine Tisint, tout
là-bas, à l'entrée du grand désert vide...

VISION DE NUIT

Je rentrais d'une course à cheval aux sebkha salées de la route de Bou-Dnib avec Maammar-ould-Kaddour, des nomades Rzaïna de Saïda, et mokhazni de Béchar, venu en pèlerinage à Kenadsa. La nuit lunaire, chaude, oppressante, emplissait d'une sensualité lourde le sommeil des jardins. Des bruissements comme des soupirs vaincus et heureux montaient dans le silence. On sentait la vie sourdre sinueuse, intarissable, par tous les pores de la terre et des plantes accablées.

Nous étions venus en silence, las, et nos chevaux marchaient sans bruit sur le sable fin. Dans une ruelle étroite, entre deux murs d'argile, ils s'arrêtèrent pour boire dans une séguia claire.

Tout à coup, le cavalier me toucha l'épaule. Sous les palmiers du jardin, un nomade et une ksourienne étaient là, debout, l'un près de l'autre.

Je reconnus l'Arabe à son haut turban algérien. C'était Abd-el-Djebbar, le Hamiani, remarqué déjà à la mosquée de Kenadsa, parmi les étudiants.

Il murmurait : « Je suis ton frère... Pour l'amour de Dieu, sois à moi ! » Et ses robustes mains tordaient les frêles poignets de la jeune ksourienne au visage de cire.

Elle était belle et parée comme une épousée. Une longue tunique de laine rouge s'enroulait aux formes voluptueuses de son corps. Le front ceint d'un diadème de fleurs d'argent, la clarté de la lune se mirait dans l'éclat de ses bijoux. Son front était si pur que les étoiles semblaient y pleurer...

Elle était venue à ce rendez-vous téméraire, dans la nuit si calme et pleine d'embûches. Et maintenant elle tremblait, elle demandait grâce au beau nomade, fils d'une autre race, dont l'ardeur sauvage l'épouvantait.

Il me semblait à moi que le cœur d'Abd-el-Djebbar était si fort que je l'entendais battre au delà du mur...

Les bras enlacèrent le corps frémissant de la ksourienne, l'enlevèrent de terre dans une étreinte. Elle se raidit, voulut crier. Mais les dents avides du nomade arrêtaient sur ses lèvres son cri de détresse et la meurtrissaient d'un baiser charnel comme une morsure.

Les deux corps, convulsivement liés par la rage superbe de l'amour, roulèrent dans l'ombre, sur la terre accueillante à toutes les fécondités comme à toutes les morts.

Maammar, à ce moment, poussa brusquement son cheval qui se cabra et, dans un rire un peu étranglé, il me dit : « Laisse-les ! Nous autres, fils des Arabes, nous savons aimer. Nous jouons notre vie pour les femmes, mais quand nous les prenons, dans la nuit, comme le chasseur de gazelles, nos bras les serrent sur nos poitrines, à briser leurs os, et jamais ensuite les caresses efféminées des ksouriens ne leur feront oublier le baiser du nomade. »

Les ombres étreintes semblaient s'être ensevelies dans les verdures du jardin. Nous partîmes, laissant derrière nous cette vision d'amour et d'audace.

CHERCHEURS D'OUBLI

J'ai découvert une fumerie de kif, dans ce ksar
où il n'y a pas même de café maure, où les gens
n'ont d'autre lieu d'assemblée que la place publique
et les bancs en terre, au pied des remparts, sur
la route de Béchar.

C'est, dans une sorte de maison à moitié ruinée,
derrière le Mellah, une longue salle éclairée par
un « œil » unique au milieu du plafond en poutres
enfumées et tordues. Les murs sont noirs, sillon-
nés de lézardes plus claires, semblables à des
plaies. Sur la terre battue, un peu poudreuse, rarement balayée, traînent des écorces de grenades
et des débris de toute nature.

Ce lieu étrange sert d'asile aux vagabonds
marocains, aux nomades, à toutes sortes de gens
sans aveu et de mauvaise mine. La maison semble
n'appartenir à personne; façon d'hôtel borgne, on
y passe quelques nuits de mauvais conseil; elle
semble faite pour le théâtre pittoresque, avec un
air d'antichambre du crime.

Dans un coin, une natte propre, avec quelques coussins de Fez, en cuir brodé. Sur la natte, un grand coffre arabe, historié de peintures vives et qui sert de table. Voici encore un rosier à petites fleurs rose pâle, qui fait pendant à un bouquet d'herbes des jardins, trempé dans une grosse jarre du Tell decorée de dessins géométriques et d'arabesques; plus loin, une bouilloire de cuivre à trépied, deux ou trois théières, un couffin bourré de chanvre indien desséché. C'est là tout le décor, toute la mise en scène du petit cénacle des fumeurs de kif, gens aimant leurs aises.

J'allais oublier, sur un perchoir grossier en tiges de palmes, un vautour captif, attaché par la patte.

Les berrania (étrangers), les errants, qui hantent ce repaire se joignent parfois aux fumeurs de kif, encore que ceux-ci composent une petite association très fermée, où il est assez difficile d'entrer, car, voyageurs eux aussi, transportant à travers les pays de l'Islam leur rêverie, les dévots de la fumée hallucinante, qui se groupent à Kenadsa, appartiennent à la classe plus relevée des lettrés.

Hadj Idris, un grand Filali maigre, bronzé, au visage doux et comme éclairé par une lumière intérieure, est un de ces déracinés sans famille, sans métier fixe, si nombreux dans le monde musulman. Depuis vingt-cinq ans, il erre de ville en ville, travaillant ou mendiant, selon les occasions.

Il joue du goumbri, petite guitare arabe à deux

cordes, tendues sur une carapace de tortue, avec
un manche en bois sculpté.

Hadj Idris a une belle voix, grave et limpide
pour chanter les vieux récits andalous, aux airs
mélancoliques et si tendres.

Si Mohammed Behaouri, marocain de Mékinez,
au teint pâle, aux yeux de caresse, encore jeune,
est un poète errant à travers le Maroc et le Sud-
Algérien, en quête de légendes et de littérature
arabes; pour vivre, il compose et récite des vers
sur les délices et les affres de l'amour.

Cet autre vient du Djebel-Zerhaoun. Médecin et
sorcier, petit, sec, musclé, la peau tannée par le
soleil du Soudan où il a voyagé pendant de longues
années, il vagabonda, avec les caravanes, de la
côte sénégalaise à Tombouctou. Au long de ses
journées, il dosera lentement des médicaments et
feuillettera de vieux grimoires maughrebins.

Le hasard a réuni ces gens à Kenadsa. Demain,
ils s'en iront, dispersés sur des routes contraires,
allant tous avec insouciance vers l'accomplissement de leur destinée.

La communauté de leurs goûts les a rassemblés
dans ce refuge saure, où ils coulent les heures
lentes de leur vie exempte de soucis.

Le soir, un rayon oblique et rose tombe de l'œil
dans la pénombre de la salle. Les fumeurs de kif
se groupent, se tassent, le turban orné d'une

branche odorante de basilic. Ils se rangent le long du mur, accroupis sur leur natte, et ils fument leurs petites pipes de terre rouge, emplies de chanvre indien et de tabac maure en poussière.

Hadj Idris bourre les pipes et les distribue, après en avoir soigneusement essuyé le tuyau sur sa joue, par politesse. Quand sa pipe est vide, il recueille délicatement la petite boule de braise restée au fond et la dépose dans sa bouche — il ne sent pas la brûlure — puis, la pipe bourrée, c'est cette cendre ardente qui sert au Filali pour rallumer le petit foyer qui, pendant des heures, ne s'éteindra plus. Très intelligent, l'esprit fin et pénétrant, adouci d'une continuelle demi-ivresse, il allaite son rêve à la fumée stupéfiante.

...Les chercheurs d'oubli chantent en battant paresseusement des mains ; leurs voix de rêve montent tard dans la nuit, à la lueur trouble d'une lanterne à carreaux de mica ; puis peu à peu les voix baissent, deviennent plus lentes, plus oppressées ; enfin les fumeurs de kif se taisent, le regard fixé sur leurs fleurs, en extase.

Ce sont des épicuriens, des voluptueux, peut-être des sages, qui savent, dans le noir repaire des vagabonds marocains, distinguer des horizons charmeurs, édifier des cités merveilleuses où danse le bonheur.

SOIRS DE KENADSA

Après la prière de « l'asr », vers quatre heures,
le soleil commence à descendre sur les collines
de pierre du Maroc.

La terre surchauffée exhale la grande lassitude
de l'implacable jour ; les heures mauvaises de
torpeur et d'accablement sont passées. J'éprouve
alors une sensation de bien-être comparable à celle
que laisse un danger évité, ou la délivrance d'un
cauchemar, après le réveil ; et je vais lentement,
avec un esclave, dans les jardins coupés de petits
murs, qu'il faut escalader.

A Kenadsa, point de grandes palmeraies humides comme à Figuig ou à Béchar : les jardins
montent en plein désert et luttent péniblement
contre l'envahissement lent et obstiné du sable,
contre la sécheresse mortelle de la hamada voisine. Ce sont des familles de dattiers, cinq ou six
issus de la même souche, les ombrages plus légers
des arbres fruitiers chargés de fruits veloutés qui

tombent dans les séguia, et l'eau parcimonieuse qui va rafraîchir les petits champs dorés où fut coupée la maigre moisson d'orge.

Contre les murs où le soleil a moins de feu, dans le fouillis des vignes et des lianes qui enlacent les palmiers et les grenadiers, sous les larges figuiers écrasés, il est pourtant des coins d'ombre et de fraîcheur délicieuses.

Çà et là, de grands étangs verdâtres reçoivent le trop-plein des ruisselets d'irrigation. Les innombrables petits crapauds des oasis y modulent leur chant mélancolique.

Ce sont des métayers, noirs pour la plupart, qui, pour un cinquième de la récolte, cultivent les jardins. Ils y vivent des journées lentes, au milieu des arbres, et ils s'entendent fort bien à orner le désordre charmant de leurs plantations. Tous cultivent le « zafour », aux fleurs d'un si bel orangé dont les femmes se servent pour teindre les étoffes et pour se farder. Quelques-uns savent prêter les branches d'un arbrisseau sauvage à ces plantes frêles qui poussent de longues grappes minces de fleurs mauves, d'autres composent des massifs avec les asters violets, pris dans les oueds du désert. Mes yeux se reposent encore délicieusement sur ces grands buissons de roses à cent feuilles, qu'on appelle roses de Syrie.

Les métayers hospitaliers s'empressent de préparer le thé. Ils apportent, dans les pans de leurs burnous terreux, de petits abricots dorés et des amandes : l'hôte de la zaouïya est le bienvenu parmi eux.

Un soir, le plus ancien d'entre eux, vieux Marocain de la tribu des Sedjaa, tout voûté, au visage momifié, m'apporta en présent un bouquet de grenades et une botte d'oignons.

— Vois, les fleurs et les fruits de mon jardin ne sont pas opulents ; je suis un pauvre vieux, et je n'ai rien d'autre à t'offrir en bienvenue. Accepte ces quelques légumes ; — Dieu est le dispensateur de toutes les richesses ! — accepte mon humble offrande, et pardonne-moi...

Je n'osai refuser ce naïf et touchant présent, de peur d'offenser le vieux jardinier qui me regardait avec de pauvres yeux tout honteux, comme s'il m'était redevable des produits de son jardin.

Au bord des séguia, les menthes et les basilics poussent à l'ombre, pâles, étiolés, violemment odorants pourtant ; leur parfum plane dans l'air encore chaud, avec d'autres senteurs végétales plus ténues, indéfinissables.

Je retrouve dans ces jardins de Kenadsa le calme et la somnolence douce des autres jardins sahariens, sans pourtant ce « quelque chose » de mystérieusement oppressant qui est l'âme des palmeraies profondes et des forêts.

Le jour baisse. Les dattiers baignent dans l'incarnat du ciel violent. Nous sortons des jardins où va monter la fièvre.

De grandes ombres violettes s'allongent sur les pierres qui rougeoient aux derniers feux du soleil.

—Éternelle ivresse des soirs du Sud, quotidienne et jamais pareille, si longtemps que mes yeux brilleront je ne me lasserai pas de sentir ta puissance couler en moi ! Quelle est belle et seule et prenante, cette heure triste, presque angoissante, où, tout à coup, on sent le désert s'assombrir et se refermer, comme devant garder à jamais les intrus qui franchirent son seuil désolé pour pénétrer dans ses délices !

L'AMOUR A LA FONTAINE

Sur le sentier qui longe le rempart, les femmes
du ksar viennent à la fontaine de Sidi-Embarek.
Dans l'illumination la plus belle du soleil qui va
mourir, leurs voiles prennent des teintes d'une
intensité inouïe. Les étoffes chatoient, magnifiées,
semblables à des brocards précieux. De loin, on
croirait les ksouriennes vêtues des soies les plus
rares, brodées d'or et de pierreries. Conscientes
un peu de leurs grâces, ces femmes s'agitent,
leurs groupes se mêlent, et la gamme violente
des couleurs change sans cesse, comme un arc-
en-ciel mobile.

Quelques-unes, des Soudanaises ou des nomades
surtout, se dessinent en mouvements purs, en poses
impeccables, en cambrures de reins et en courbes
de bras pour élever jusqu'à leur épaule les lourdes
amphores pleines.

Il en est d'autres dont le visage, beau de traits
et d'expression, s'éloigne des joliesses et des

coquetteries connues par une sensualité timide et farouche à la fois dans le regard ; et sous cette sorte d'hypocrisie naturelle, qui est peut-être l'affirmation première de la pudeur, passe, tout à coup, comme un regard à travers le masque, l'éclair d'un brusque sourire, où éclate librement l'ardeur des sens.

Une forte odeur de peau moite et de cinnamone monte des groupes, dans la tiédeur de l'air.

Des hommes, nègres ou nomades, Douï-Menia, Ouled-Djerir, Ouled-Nasser, viennent abreuver leurs chevaux.

Tandis que les esclaves noirs rient et plaisantent avec les femmes qu'on ne daigne même pas leur cacher, les hommes du désert regardent celles-ci du coin de l'œil, avec de courtes flammes dans leurs prunelles fauves.

Combien d'intrigues se sont ainsi nouées près de l'Aïn Sidi-Embarek, tandis que les chevaux, las, tendaient leurs naseaux au jet frais de l'eau souterraine !

Par des gestes à peine esquissés, par de brefs regards, nomades et ksouriennes se comprennent et se promettent les heures propices des nuits.

Là encore, je retrouve un peu de la poésie des amours arabes, des amours nomades qui, si souvent, finissent dans le sang.

Les juives, moins surveillées, plus hardies,

abordent librement les hommes, distribuent des
œillades provocantes, sous leurs paupières qu'ont
rougies lesfumées âcres des palmes sèches, dans
les échoppes noires du Mellah.

C'est l'heure libre et gaie, l'heure où, loin de
l'autorité pesante des hommes, les femmes jasent
et rient, et jouent le jeu dangereux.

Je pense, devant ces primitivités, à d'autres
romans jolis et compliqués, au fond les mêmes
que ceux-là — à moins que l'essence de l'amour
soit justement dans sa recherche nuancée et
dans sa souffrance d'impossible plutôt que dans
le geste fou... Mais pour combien d'êtres cela
est-il vrai?

Sous d'autres couleurs moins belles que ces
simples voiles, où le corps se dessine encore,
la passion s'offre dans les villes, et souvent si
laide, si répugnante — la passion vorace qui veut la
vie, qui veut perpétuer la vie par tous les recom-
mencements. Plus haut, plus loin, sous les appa-
rences de l'esprit, sous les sourires les mieux
étudiés, dans les salons les plus corrects, comme
ici près de la fontaine du désert, se trahira encore
la violence d'un appétit qui enflamme les yeux,
qui altère les voix, qui fait passer une ombre
blanche sur les lèvres frémissantes...

Ah! comme j'ai vécu déjà dans tous les hommes
et dans toutes les femmes! et combien cette sen-

sualité éternelle, qui coule dans les veines du monde, m'attrista quand j'y voyais l'effrayante image de la fatalité.

Maintenant, je puis, sans angoisse, suivre de mes yeux amusés le jeu naturel. L'amour n'a pas ici d'autre ambition que lui-même, et c'est à quoi nous devrions peut-être le ramener, pour nous humilier devant la nature, pour blasphémer ce qui n'a pas d'emploi en nous, l'inutile organe, cette âme inquiète qui ne trouvera pas de repos.

GITANES DU DÉSERT

J'aime à noter le caractère des races indigènes
si diverses et qui savent se garder à peu près
pures.

Voici, par exemple, des femmes étranges, même
ici, qui nous arrivent d'un campement de Douï-
Menia-Ouled-Slimane, installé pour quelques jours
au pied de la Barga, à l'est de Lella Aïcha.

Les Meniaï sont plus grandes et plus sèches
que les ksouriennes, plus robustes aussi sous leurs
voiles d'un bleu sombre. Leur élégance difficile
consiste dans ce qu'on pourrait appeler « l'art de
porter les haillons ».

Qu'une femme avec des bijoux, du clinquant,
des rubans, des apprêts de coiffure, des coupes de
vêtements, des afféteries, des parfums violents,
toute la science de la couturière, puisse avoir l'air
d'un paquet de chiffons, c'est ce que montrent la
plupart des juives d'Alger, qui ont renoncé à leur
costume traditonnel pour s'habiller à la fran-

çaise. Au contraire, sous les loques de laine dont elles se drapent, les femmes des nomades pillards ont une brusquerie d'allure qui ne manque pas d'analogie avec certaines allures sportives. Ce sont, peut-être, les seules femmes d'Afrique qui sachent marcher d'un pas relevé. Les misérables étoffes dont elles voilent leur nudité semblent faire corps avec leur architecture de bronze. Quand le vent cinglant les amincit encore et plaque leur tunique contre les formes nerveuses de leurs jambes, elles se profilent comme des louves maigres sur les ciels de cuivre et la pâleur des terres mortes. On dirait qu'elles viennent du fond des âges et qu'elles rapportent, elles aussi, à la caverne, leur part du butin de guerre...

Les croisements berbères ont un peu déformé le type de leurs visages minces et tannés, mais il y reste pourtant une certaine expression sémitique, qui semble héritée d'une Asie farouche. J'imagine que les guerrières de Sémiramis devaient avoir de ces galbes sans morbidesse et des yeux pareils, longs et fauves comme ceux des sloughi noirs.

Ces femmes ont des gestes que je n'ai pas vus aux femmes des Arabes, encore moins aux Mauresques : elles marchent sans timidité et sans balancement devant les hommes des autres tribus. Elles semblent n'avoir aucune coquetterie, et pourtant le sourire de leurs lèvres rouges est plus fort que la sensualité soudanaise et que la complaisance des bouches juives.

Pour l'homme du Sud la juive est impure. Jamais les nomades n'ont remarqué la beauté blanche un peu souffreteuse des filles du Mellah. Les deux races se côtoient et se tolèrent sans jamais se mêler ni même se rapprocher. Le pasteur et le pillard ont souvent besoin du juif et ils peuvent disputer avec lui âprement; mais, passé le moment de leur négoce, aucun autre intérêt, aucune autre pensée ne les rassemble.

Ces femmes Douï-Menia sont, avec plus d'imprévu, les gitanes du désert. Elles ont une beauté farouche qui se laisse voir par les trous de leurs tuniques couleur de terre. La pauvreté est pour elles une chose naturelle, ce n'est pas une déchéance. Elles s'imaginent que tout le luxe tient dans la beauté d'un cheval ou dans le manche d'un poignard.

DANS LE MELLAH

Après la tombée de la nuit, les bruits confus se
taisent peu à peu près de la fontaine, dans le
silence agrandi de la vallée.

Je sais toutes les chansons de l'ombre africaine
et leur sécheresse à la gorge, mais à cette heure je
n'écouterai pas la berceuse de mes souvenirs. Je
demanderai aux choses quotidiennes un peu de
leur ferveur et de leur bourdonnement. J'irai vers
les places où la vie grouille heureuse et se recommence sans ennui. Je lui demanderai d'être simplement animale, de ne pas savoir la torture des
jardins défendus et des terrasses où l'on meurt de
silence, d'être bavarde et de briller, de n'avoir
pas d'esprit, de projeter ses ombres brèves et
sautillantes sur un fond de profonde et indifférente nuit.

Combien je souffre de tous les livres que j'ai lus,
de toutes les voix qui m'ont parlé, de tous les chemins que je n'ai pas suivis ! Le vide de mon âme

est fait d'un grand soupir... Est-il ici un endroit
où l'on chante, où l'on crie, où l'on puisse
s'oublier une heure, une place publique où les
disputes éclatent, un café borgne où la fumée
monte aux vitres ? J'y serai le petit matelot qui
s'enivre de son pays avec une chanson de trois
notes...

Tout est si clair ici, trop clair! Plus d'obstacles à
renverser, plus de progrès, plus d'action ! On ne sait
plus agir, à peine penser : on meurt d'éternité...

Passons la porte des remparts.

Là, dans le Mellah, j'ai souvent l'impression
d'une grande lanterne magique. J'y viens, comme
au spectacle, pour voir danser des formes dans
le feu.

Devant leurs portes, les juives ont improvisé
des foyers ; elles y cuisinent le repas du soir dans
de grandes marmites de sorcière. Rien de plus
pittoresque que cette illumination.

Les longues flammes des palmes sèches et le
rougeoiment terne des feux de fiente de chameau
éclairent, d'une lueur d'en bas, les façades badi-
geonnées à la chaux et les murs en toub, qui prennent alors une patine fugitive d'or rouge et de rose
ardent.

Dans cette lueur nombreuse, contrastée, vacil-
lante, des apparitions fantasques s'agitent, de
grands reflets montent aux maisons basses et
courent sur le sable.

Les hommes, accroupis, achèvent de menus travaux, à la clarté de lumignons fumeux. Ils attendent indéfiniment, dans ces poses d'arrière-boutique si différentes, des attitudes arabes.

Le juif du Sud se distingue surtout du musulman par sa vulgarité. Il n'a pas la moindre idée de ce que nous appelons un sentiment noble; et c'est en quoi réside, sans doute, le secret de sa force insinuante et commerçante : quand il veut s'adapter, il n'est pas gêné par son pli personnel.

Un feu ravivé éclaire tout à coup les groupes, tels des entassements de bétail couché, qui se détachent sur la pâleur plus rose du sable. Ces hommes, tenaces et assis, ne chantent pas, ils ne rient pas, ils attendent l'heure du repas. Ils me donnent l'impression du bonheur facile. Je connais très bien leur âme : elle monte dans les vapeurs de la marmite... Je les envie d'être ainsi. Ils sont la critique de mon romantisme et de cet incurable malaise que j'ai apporté du Nord et de l'Orient mystique avec le sang de ceux qui ont vagabondé avant moi dans la steppe.

Quand donc en aurai-je fini avec cette singulière manie qui me porte à interpréter les gestes les plus simples dans un sens religieux ? C'est bien là notre faiblesse aryenne. Quand les autres font cuire leur dîner, nous pensons au sacrifice de la Sôma, aux libations de beurre sur le feu. Tout à l'heure, une femme soulevait une mar-

mite et ranimait les braises d'une brassée de bois
épineux : je ne vis que la flamme qui s'élançait,
libre et droite, vers la douceur des étoiles.

Accoudée sur un pan de mur écroulé, je regarde
encore les tableaux de ma lanterne magique.
D'autres verres glissent et chatoient en couleurs
vives :

Des enfants jouent, passant et repassant dans
les ondes lumineuses, avec des tortillements de
larves. Quelquefois, une belle juive se redresse et
s'étire, lasse, féline, dans la gloire des flammes de
sang, qui la baignent toute de lumière rose et qui
teintent sa pâleur étiolée d'un incarnat factice.
Ses grands yeux violets, aux lourdes paupières,
semblent alors plus profonds, plus meurtris, plus
terrestres.

A la longue, le charme de ces visions de tranquille vie ménagère opère en moi : le mellah de
Kenadsa, laid dans le jour de pauvreté et de saleté
irrémédiables, m'apparaît beau en cette première
heure de la nuit, tel un coin de quelque cité enchantée, adoratrice du feu dévorateur et puissant.

Où donc ai-je vécu pour retrouver si profondément ces choses ?

... Une juive chante d'une voix grêle pour endormir son enfant qui pleure aigrement. Un âne
braie mélancoliquement dans une écurie voisine,

Il est tard et les juives rentrent. Les feux s'éteignent devant les portes closes.

Au loin, les moueddhen clament leur appel d'une insondable tristesse, et la paix engourdissante de l'Islam achève d'effacer les dernières visions du Mellah transfiguré.

Ce soir-là je dormis très calme. Ce fut un de mes derniers soirs de tranquillité et de santé. Peu de temps après, la fièvre me terrassa et me jeta en d'étranges rêves.

Des négresses au corps mince et souple dansaient, baignées de lueurs bleuâtres. Dans leurs visages de nuit, l'émail de leurs dents brillait en de singuliers sourires. Elles drapaient leurs formes graciles en un long voile rouge, bleu ou jaune soufre, qui s'enroulait et se déroulait au rythme bizarre de leur danse et flottait au vent, devenant parfois diaphane comme une vapeur.

Leurs mains sombres agitaient les doubles castagnettes en fer des fêtes soudanaises. Tantôt, les castagnettes battaient une cadence sauvage, tantôt elles se heurtaient presque sans bruit.

... Mais les négresses se détachèrent peu à peu du sol et flottèrent dans l'air.

Leurs corps s'allongèrent, se tordirent, se déformèrent, tourbillonnant comme les poussières du désert aux soirs de siroco. Enfin, elles s'évanouirent dans l'ombre des solives enfumées du plafond.

Mes yeux s'ouvrirent péniblement. Mon regard traîna sur les choses. Je cherchais les étranges créatures qui, quelques instants auparavant, dansaient devant moi.

Je les avais vues, j'avais entendu leurs rires de gorge semblables à de sourds gloussements, j'avais senti sur mon front brûlant les souffles chauds que soulevaient leurs voiles. Elles avaient disparu, me laissant le souvenir d'une angoisse inexprimable...

Où étaient-elles maintenant?

Mon esprit fatigué cherchait à sortir des limbes où il flottait depuis des heures ou depuis des siècles : je ne savais plus.

Il me semblait revenir d'un abîme noir où vivaient des êtres, où se mouvaient des choses subissant des lois différentes de celles qui régissent le monde de la réalité, et mon cerveau surchauffé s'efforçait douloureusement à chasser les fantômes qui le hantaient.

LE PARADIS DES EAUX

Un grand silence pesait sur la zaouïya accablée
de sommeil. C'était l'heure mortelle de midi,
l'heure des mirages et des fièvres d'agonie. La
chaleur s'épanouissait sur les terrasses incandes-
centes et sur les dunes qui scintillaient au loin.

On m'avait couchée sur une natte, dans un réduit donnant sur une terrasse haute. La petite
pièce s'ouvrait toute grande sur le ciel de plomb
et sur le désert de pierre et de sable qui brûlait
sous le soleil.

Aux poutrelles de palmier du plafond pendait
une petite outre en peau de bouc, dont l'eau s'é-
gouttait lentement dans un grand plat de cuivre
posé à terre.

Toutes les minutes, la goutte tombait, sonnait
sur le métal, avec un bruit clair et régulier, d'une
monotonie de tic-tac d'horloge d'hôpital ou de
prison, et ce bruit me causait une souffrance aiguë,
comme si la goutte obstinée était tombée sur
mon crâne en feu.

Accroupi près de moi, un esclave soudanais, aux joues marquées de profondes entailles, agitait en silence un chasse-mouches de crin, teinté au henné comme une queue de cheval de parade.

Je regardais l'esclave. Pendant des instants longs comme des années, j'imaginais le soulagement que j'éprouverais quand il aurait enlevé le plat sur mon ordre, et quand la goutte d'eau tomberait enfin sur le sol battu, avec un bruit mat. Mais je ne pouvais parler, et la goutte tombait toujours, sonnait inexorable sur le cuivre poli.

Les poutrelles du plafond s'évanouirent, un ciel s'enfonça devant mes yeux. Maintenant, c'étaient des palmes d'un bleu argenté qui se balançaien* bruissaient au-dessus de ma tête.

Autour des troncs fuselés des dattiers, sous les frondaisons arquées, des pampres très verts s'enroulaient, et des grenadiers en fleurs saignaient dans l'ombre.

J'étais couchée dans une séguia, sur de longues herbes aquatiques, molles et enveloppantes comme des chevelures. Une eau fraîche coulait le long de mon corps et je m'abandonnais voluptueusement à la caresse humide.

Un autre ruisselet chantait à portée de ma bouche. Parfois, sans faire un mouvement, je recevais l'eau glacée entre mes lèvres; je la sentais descendre dans mon gosier desséché, dans ma poitrine où s'éteignait, peu à peu, l'intolérable brûlure de la soif, l'eau, l'eau bienfaisante, l'eau bénie des rêves délicieux !

Je m'abandonnais aux visions nombreuses, aux extases lentes du Paradis des Eaux... Il y avait là d'immenses étangs glauques sous des dattiers gracieux ; là coulaient d'innombrables ruisseaux clairs ; des cascades légères ruisselaient des rochers couverts de mousses épaisses ; de toutes parts des puits grinçaient, répandant alentour des trésors de vie et de fécondité...

Quelque part, très loin, une voix monta, une voix blanche qui glapissait dans le silence. Elle venait des horizons inconnus, à travers les verdures et les ombrages éternels.

La voix troubla mon repos. De nouveau, mes yeux s'ouvrirent sur la petite chambre de mon exil volontaire.

La voix s'affirma réelle, monta encore : l'homme des mosquées annonçait la prière du milieu du jour.

L'esclave qui me veillait dressa alors l'index noir de sa main droite, il attesta l'unité de Dieu et la mission prophétique de son Envoyé, puis il se leva, drapant son grand corps d'ébène dans ses voiles blancs.

Il pria. A chaque prosternation, sa koumia, sorte de long poignard marocain à lame courbe et à gaine de cuivre ciselée, heurta le sol. Il disait : « Dieu est le plus grand ». Et il se prosternait, le front dans la poussière, le regard tourné vers La Mecque.

Je suivais des yeux les gestes lents de l'esclave.

Quand il eut fini de prier, le Soudanais reprit sa place auprès de moi et agita de nouveau son long chasse-mouches de crin orangé.

Des vapeurs rousses montaient des terrasses qui se fendaient. Dans l'air immobile, lourd comme du métal en fusion, aucune brise ne passait, aucun souffle. Mes vêtements blancs étaient trempés de sueur, et je sentais un poids écrasant oppresser ma poitrine. Une soif brûlante, une soif atroce que rien ne pouvait apaiser, me dévorait. Mes membres étaient brisés et endoloris, et ma tête pesante roulait sur le sac qui me servait d'oreiller.

L'esclave trempa un lambeau de mousseline dans un vase plein d'eau et en humecta mon visage et ma poitrine. Puis, il me versa dans la bouche quelques gouttes de thé tiède à la menthe.

Je soupirai, étirant mes bras engourdis

La voix du moueddhen s'était tue sur le ksar, accablé de chaleur. Mon esprit plana de nouveau dans les régions vagues, peuplées d'apparitions étranges, où coulaient les eaux bénies.

Le jour de feu s'éteignait dans le rayonnement rose de la vallée et des collines. Au delà des sebkha de sel, les dattiers s'allumèrent comme de grands cierges noirs.

De nouveau, le moueddhen clamait son appel mélancolique. J'étais tout à fait éveillée maintenant. Mes yeux aux paupières meurtries et alourdies s'ouvraient avidement sur la splendeur du soir. Soudain, une tristesse infinie descendit dans mon âme. Des regrets enfantins m'envahissaient.

J'étais seule, seule dans ce coin perdu de la terre marocaine, et seule partout où j'avais vécu et seule partout où j'irai, toujours... Je n'avais pas de patrie, pas de foyer, pas de famille... Je n'avais peut-être plus d'amis. J'avais passé, comme un étranger et un intrus, n'éveillant autour de moi que réprobation et éloignement.

A cette heure, je souffrais, loin de tout secours, parmi des hommes qui assistent, impassibles, à la ruine de tout ce qui les entoure et qui se croisent les bras devant la maladie et la mort en disant : « mektoub ! »

Ceux qui, sur d'autres points de la terre, auraient pu penser à moi, songeaient sans doute à leur bonheur. Ils ne souffraient pas de ma souffrance... Ah, certes, c'était écrit !

Plus lucide, calmée, j'ai méprisé ma faiblesse et j'ai souri à mon malheur

Si j'étais seule, n'était-ce pas que je l'avais voulu aux heures conscientes où ma pensée s'élevait au-dessus des sentimentalités lâches du cœur et de la chair également infirmes ?

Être seul, c'est être libre, et la liberté était le seul bonheur nécessaire à ma nature inquiète, impatiente, orgueilleuse quand même.

Alors, je me dis que ma solitude était un bien. Je la désirai pour moi, pour mes amis, pour tous ceux qui me ressemblent. Je la désirai comme notre bien, comme le séjour divin de notre immortalité. J'entrevis avec une pitié suprême les salons brillants où d'autres danseraient en souriant à des sottises, les loges de théâtre où ils se coudoieraient. Je froissai dans mes mains sèches la pauvre étoffe de leurs rêves. Je mesurai des yeux la place de leur tombe et la mienne.... Une grande paix mélancolique et douce descendit en moi. L'heure passa...

Un souffle chaud se leva vers l'Ouest, un souffle de fièvre et d'angoisse. Ma tête déjà lasse retomba sur l'oreiller ; mon corps s'anéantissait en un engourdissement presque voluptueux ; mes membres devenaient légers, comme inconsistants

La nuit d'été, sombre et étoilée, tombait sur le désert. Mon esprit quitta mon corps et s'envola de nouveau vers les jardins enchantés et les grands bassins bleuâtres du Paradis des Eaux.

Dans la grande lassitude heureuse où je suis
tombée, je n'ai plus la force de penser attentivement. Les images s'associent dans mon esprit
de la façon la plus fugace. Ce sont des frottis,
des esquisses d'une légèreté diaphane ; puis, soudain, les contours se précisent, et des scènes que
j'avais oubliées se gravent à l'eau-forte devant
mes yeux.

Toute une heure je me suis revue à Aïn-Sefra.
J'en avais retrouvé des notes sur un carnet et je
les feuilletais comme des images enfantines qui
traînent sur un lit de malade...

Il y avait, dans un café maure, parmi la foule
pittoresque et fauve, un petit tirailleur hébété. Je
le vois très nettement... Il doit être un peu gris.
Et voilà qu'il se met à chanter. Bientôt sa voix de
tête domine toutes les autres. Tout à coup, il
s'arrête et laisse tomber son front sur la poitrine
du voisin :

Le petit tirailleur pleure.

— Tiens, Abdelkader, dit-il, tu vois ces tourterelles en cage ? Eh bien, c'est pour elles que je
pleure, parce qu'elles m'ont rappelé la maison de
mon père, à Frenda. Nous avions aussi des tourterelles captives... Voilà, je pleure, parce que je
ne les reverrai plus. Les vieux sont morts, et les
tourterelles ont dû mourir...

La scène change :

Dans une rue déserte qui s'ouvre sur les petites
dunes de Tiout, les tirailleurs s'en vont par
bandes, sous l'haleine chaude du siroco.

Depuis des mois et des mois, leurs mains rudes
se sont crispées, aux nuits mauvaises, sur les
couchettes solitaires. La terrible angoisse du rut
inassouvi les jetait, par les deux ruelles mortes
de Djenan-ed-Dar, à l'impossible recherche d'une
femme à étreindre.

Beaucoup sont tombés aux amours lamentables
des casernes, des prisons et des bagnes.

Maintenant ils s'en vont assouvir l'instinct
tyrannique de la vie qui veut se perpétuer — ils
s'en vont vers le bouge triste que fouette le vent
du désert...

Huit heures. Des tirailleurs qui n'ont pu entrer,
faute de place, stationnent devant la maison
publique. Ils crient et cognent à coups de poings
et de pieds dans la porte, qui craque sous leur
formidable poussée.

Enfin, un bruit de godillots pesants retentit
à l'intérieur.

Une clameur de joie sauvage monte du groupe.
J'y revois mon petit soldat, celui-là même qui,
l'après-midi, pleurait sur les tourterelles en cage.

Au milieu des éclats de rire, il déboucle déjà
son ceinturon...

MUSIQUES DE PAROLES

La fièvre me reprend.

Pour fixer mes idées qui vacillent, j'aurais voulu noter quelques maximes que laissa tomber devant moi Sidi Brahim, le marabout de Kenadsa. Mais déjà le calam tremble dans mes doigts, les lettres de mon écriture s'amplifient, serpentent, rampent aux murs. Ce sont des inscriptions vivantes, menaçantes et qui, soudain calmées, chantent d'une voix séculaire et suave :

« Malédiction au monde et à ses jours, car la vie est créée pour la douleur... Mais — ô surprise ! — la vie est ennemie aux hommes, et ils l'adorent ! »

Non, ce n'est pas une pensée de cloître, une pensée froide, c'est une délicieuse musique. Elle me pénètre et me soulève d'une émotion profonde, comme si quelque esprit parlait à mon esprit pour me dire: « Oublie ! »

Et voici que mon âme est comme une grande
coupe qui déborde, d'avoir contenu ces mots :
« Le monde coule vers la tombe comme la
nuit coule vers l'aurore ! »

Mais je sais encore d'autres musiques, ami
lointain, des berceuses si douces et si charmeuses
que, si tu les chantais à ta petite bien-aimée, elle
t'éclaterait de rire au nez, car ta petite bien-aimée
n'a jamais eu la fièvre. Elle ne sait que se
regarder dans un miroir de poche, cligner genti-
ment des yeux et pincer les lèvres.

Cependant elle a, je sais, des cheveux profonds
et les plus jolis sourires du monde, des sourires
d'intelligence. Elle comprend du bout des dents.
Quand ses yeux se renversent d'extase et qu'un
cerne bleu creuse ses paupières, ne va pas croire
du moins qu'elle t'aime : c'est un petit frisson
d'égoïsme à fleur de peau.

Et pourquoi t'aimerait-elle, toi dont l'amour,
comme le mien, n'est qu'une souffrance passionnée,
alors que le sien est une joie légère ? Aussi bien,
chante-lui, pour voir son sourire, des berceuses
composées pour d'autres idoles qui lui ressem-
blaient.

Elles sont montées ce soir jusqu'à mon cœur,
ces mélopées d'amour, ces musiques de paroles,
portées dans le silence de la zaouïya... Malgré

tous mes efforts d'attention, je ne voyais pas remuer les lèvres de celui qui les chantait.

C'était un voyageur. Il m'avait dit : « Écoute cette chanson d'Égypte. » Et ce furent ensuite ses yeux qui me parlèrent, oui, rien que ses yeux mortels :

« Mon regard ne s'est point abaissé devant la menace du glaive indien. — Devant l'éclat des yeux noirs de ma bien-aimée, mon regard s'est troublé et porté vers la terre.

« Comme l'œil de l'aigle, mon œil n'a point été ébloui par le soleil. — Le regard de ma bien-aimée a troublé ma raison et ma vue.

« Pourtant, tant qu'elle fut en ma présence, même inaccessible, je fus heureux. — Le mortel ne peut atteindre aux étoiles et cependant la contemplation de leur éclat lui est douce.

« Et maintenant qu'elle n'est plus là, ma raison fuit et mes larmes coulent de mon cœur à mes yeux, et de mes yeux sur le sable. . » .

Je voudrais m'endormir à ces voix, en écoutant celui qui veille à mon chevet et ceux qui chantaient à cheval, près de moi, quand nous traversions, au matin, la hamada lumineuse :

« Fais-moi connaître ce qu'est devenu ma bien-aimée.

« Vit-elle ou est-elle morte?

« Si elle se souvient de moi, et si elle pleure,

J'en mourrai. — Et qu'alors ses larmes servent à laver mon corps.

« Si elle m'a oublié, si elle rit, si elle joue, si elle défait ses cheveux, j'en mourrai. — Et qu'alors ses cheveux servent de linceul pour m'ensevelir. »

La fièvre m'a quittée par répits, mais je suis encore lasse et sans appétit d'action. Voilà très longtemps que je n'ai pas reçu de lettres et je n'en attends plus. Je travaille à noter mes impressions du Sud, mes égarements et mes inventaires, sans savoir si des pages écrites pour écrire intéresseront jamais personne.

J'ai voulu posséder ce pays, et ce pays m'a possédée. A certaines heures, je me demande si la terre du Sud ne ramènera pas à elle tous les conquérants qui viendront avec des rêves nouveaux de puissance et de liberté, comme elle a déformé tous les anciens.

N'est-ce pas la terre qui fait les hommes ?..

Que sera l'empire européen d'Afrique dans quelques siècles, quand le soleil aura accompli dans le sang des races nouvelles son œuvre lente d'assimilation africaine et d'adaptation aux rythmes profonds du climat et du sol ? A quel moment nos races du Nord pourront-elles se dire indigènes comme les Kabyles roux et les ksouriennes aux yeux pâles ?

Ce sont là des questions qui me préoccupent souvent. J'y penserai plus tard. D'autres y répondront pour moi.

Il est une seule chose que je sens profondément vraie : c'est qu'il est inutile de lutter contre des causes profondes et irréductibles et qu'une transposition durable de civilisation n'est pas possible.

Les émanations africaines, je les respire dans les nuits chaudes comme un encens qui montera toujours vers de mystérieuses et cruelles divinités. Nul ne pourra renier complètement ces idoles ; elles apparaîtront encore monstrueuses, dans les soirs de fièvre, à tous ceux qui poseront leur nuque sur cette terre pour y dormir, les yeux dans les froides étoiles.

MOGHREB

Quel soulagement allant jusqu'à la volupté,
quand le soleil baisse, quand les ombres des dattiers et des murs s'allongent, rampent, éteignant
sur la terre les dernières lueurs !

La morne indifférence qui s'était emparée de moi,
aux heures diurnes de malaise, se dissipe ; et c'est
de nouveau d'un œil avide et charmé que je regarde la quotidienne splendeur d'un décor déjà
familier. La beauté simple de ce pays aux lignes
sobres se pare de couleurs à la fois chaudes et
transparentes. Des vibrations glorieuses montent
du sol stérile et relèvent brusquement la monotonie des premiers plans, tandis que des vapeurs
diaphanes noient les lointains.

Tous les êtres affaissés se redressent alors plus
grands et plus beaux : c'est une douce et très consolante renaissance de l'âme tous les soirs.

Dans les jardins, la dernière heure chaude du
jour s'écoule pour moi délicieuse, en de tranquilles

contemplations, en des entretiens paresseux
coupés de longs silences.

Au « moghreb », quand le soleil est couché, nous
allons prier dans la hamada qui précède les grands
cimetières et la koubba de la bienheureuse Lella
Aïcha, dont les blancheurs s'irisent.

Tout est calme, tout rêve et tout sourit, à cette
heure charmante.

Des femmes passent, s'en allant pieds nus vers
l'Aïn-Sidi-Embarek. Les hommes qui devisaient, à
demi couchés sur la terre, se lèvent dans la noblesse toujours surprenante d'une quotidienne
résurrection.

Un grand murmure de prière monte de ce coin
de désert, que dominent le ksar et la Barga.

La prière finie, des groupes s'attardent sur les
burnous étendus, les mains égrènent les chapelets
noirs, les chapelets rouges... les lèvres psalmodient à mi-voix les litanies du Prophète.

.. Être sain de corps, pur de toute souillure,
après de grands bains d'eau fraîche, être simple
et croire, n'avoir jamais douté, n'avoir jamais lutté
contre soi-même, attendre sans crainte et sans
impatience l'heure inévitable de l'éternité — voici
la paix, le bonheur musulman — et qui sait ? —
voici peut-être bien la sagesse...

Ici, les heures monotones s'écoulent avec la
douceur et la tranquillité d'une rivière en plaine,

où rien ne se reflète, sinon des nuées de couleurs qui passent aujourd'hui, qui reviendront demain, qui nous surprendront toujours.

... Peu à peu, j'ai senti les regrets et les désirs s'évanouir en moi. J'ai laissé mon esprit flotter dans le vague et ma volonté s'assoupir.

Dangereux et délicieux engourdissement, conduisant insensiblement, mais sûrement, au seuil du néant.

Ces jours, ces semaines, où il ne s'est rien passé, où on n'a rien fait, où on n'a même tenté aucun effort, où on n'a pas souffert, à peine pensé, faut-il les rayer de l'existence et en déplorer le vide ? Après l'inévitable réveil, faut-il, au contraire, les regretter, comme les meilleures peut-être de toute la vie ?

Je ne sais plus.

A mesure seulement que passe dans mon sang la sensation de vieil Islam immobile, qui semble être ici la respiration même de la terre, à mesure que s'en vont mes jours calmés, la nécessité du travail et de la lutte m'apparaît de moins en moins. Moi qui, naguère encore, rêvais de voyages toujours plus lointains, qui souhaitais d'agir, j'en arrive à désirer, sans oser encore me l'avouer bien franchement, que la griserie de l'heure et la somnolence présentes puissent durer, sinon toujours, au moins longtemps encore.

Pourtant, je sais bien que la fièvre d'errer mé

reprendra, que je m'en irai ; oui, je sais que je suis
encore bien loin de la sérénité des fakirs et des
anachorètes musulmans.

Mais ce qui parle en moi, ce qui m'inquiète et
qui demain me poussera encore sur les routes de la
vie, ce n'est pas la voix la plus sage de mon âme,
c'est cet esprit d'agitation pour qui la terre est
trop étroite et qui n'a pas su trouver en lui-même
son univers.

Ce que tant de rêveurs ont cherché, des simples
l'ont trouvé. Par delà la science et le progrès des
siècles, sous les rideaux levés de l'avenir, je vois
passer l'homme futur... Et je comprends aussi
qu'on puisse finir dans la paix et le silence de
quelque zaouïya du Sud, finir en extase, sans regrets
ni désirs, en face des horizons splendides.

RÉFLEXIONS SUR L'AMOUR

J'aurais voulu passer l'été à Kenadsa, n'en partir que pour suivre ma route vers des pays plus lointains encore et plus ignorés. Le Tafilala me tentait. Une caravane de Berabers, pour cinq cents francs d'argent français, se flattait de m'y conduire sans aucun risque à courir.

Je me serais mise en route sans crainte avec ces gens que je connais et qui ont le respect de leur parole, mais la fièvre mauvaise ne m'a quittée que par intervalles. Je suis sans vigueur, sans endurance.

L'idée de retourner à Aïn-Sefra et de m'y soigner à l'hôpital est certainement la seule raisonnable — et cependant je ne puis m'y résoudre. Je m'attarde dans ma retraite ; je respire avec délice l'air qui m'empoisonna ; je ferme les yeux sur le passé et sur l'avenir, comme si je venais de boire l'eau magique de l'oubli et de la sagesse.

C'est qu'en vérité je ne regrette plus rien. Aux

heures de calme et de réflexion, il m'apparaît que j'ai touché ici le but même de mon existence voyageuse et tourmentée. Une grande sérénité s'est faite en moi, comme si, après une ascension pénible, j'avais enfin dépassé la zone des orages et découvert le ciel libre.

Cependant, je ne me flatte pas de faire comprendre facilement l'état d'esprit qui est ici le mien. Je ne cherche pas à m'analyser, encore moins à poser. Je n'ai pas d'auditeurs. Il me semble que tout ce que je dis est très simple. La distance que je constate moi-même entre ma manière de voir et les jolies choses d'espérance sociale, qui ont cours dans les journaux et les livres modernes, vient sans doute d'une illusion géographique, de mon enfoncement dans le passé à travers des pays sans évolution.

Voici quelques réflexions de solitude, un jour que je cherchais à y voir clair dans mon cœur, à travers bien des souvenirs :

— Tout amour d'un seul, charnel ou fraternel, est un esclavage, un effacement plus ou moins profond de la personnalité. On renonce à soi-même pour devenir un couple.

Cette grande jouissance de posséder est aussi un grand sacrifice.

On distinguera pourtant entre l'amour et la passion. Tout n'est pas grossièreté dans l'exaltation des sens. J'accepterais bien de voir autre chose que de la débauche dans ces paroles que psalmodiait un taleb marocain pâle de kif : « Je me suis cherché et j'ai fatigué mon corps pour que mon âme fût plus légère ! »

L'amour le plus décevant et le plus pernicieux me semble être surtout la tendance occidentale vers l'âme-sœur.

La belle flamme d'Orient dévorante n'a rien de ommun avec l'égalité et la fraternité des sexes.

Le musulman peut aimer une esclave et l'esclave peut aimer son maître. Cette constatation d'ordre naturel renverse bien des systèmes.

Qu'à un détour de notre route l'être semblable se soit dressé devant nous, que nous l'ayons rencontré et reconnu, ce qui est rare, une exaltation subite s'emparera de tout notre pauvre moi. Nous croirons à la possibilité de nous compléter et de nous doubler, nous tendrons les bras vers notre image... et ce sera le grand amour... la grande faiblesse !

Aimons au-dessus de nous, aimons encore davantage ce qui nous est inférieur. Élevons à nous celui qui saura nous adorer, ou sachons désirer notre élévation.

Quand j'ai senti mon cœur vivre en dehors de moi, c'était dans la nature ou dans l'humanité, jamais dans l'exaltation charnelle.

Ainsi me suis-je gardée dans les abandons.

Pauvre, j'ai possédé la richesse divine, et j'ai mis ma jouissance la plus enivrante dans la magie d'un crépuscule ardent sur les terrasses d'un village au désert.

C'est que, dans ces moments-là, je suis le cœur de la terre; un flot d'immortalité coule richement dans mes veines; ma poitrine se gonfle de puissance; je suis libre et j'existe au-dessus de la mort; si quelqu'un pouvait, se penchant sur moi, me dire « ma sœur » je n'aurais plus qu'à pleurer...

Gloire à ceux qui vont seuls dans la vie ! Si malheureux qu'ils soient, ce sont les forts et les saints, les seuls êtres... Les autres ne sont que des moitiés d'âme.

Qu'on ne voie en cette disposition d'esprit aucun ascétisme. Il me semble, au contraire, que j'ai trouvé un grand talisman de pureté, qui permettra à celui qui le possédera de traverser toutes les conditions de la vie sans se salir à aucun contact :

« Ne jamais donner son âme à la créature, parce qu'elle appartient au Dieu unique; voir dans toutes les créatures un motif de jouissance comme un hommage au Créateur; ne jamais se chercher dans un autre, mais se trouver en soi-même. »

Et, sans doute le, plus ignorant des êtres sera déjà très savant si, comme tout bon musulman, il peut unir, sans péché, la Foi à la Sensualité.

Ces choses, je m'en souviens, nous les disions déjà à Alger, devant l'immensité de la mer miroitante sous la clarté de la lune, par certaines nuits des derniers printemps. Elles nous paraissaient fort naturelles dans un décor de légère volupté, au long de mille et une cigarettes, en présence de cette jeune femme, brune et nonchalante, qui, le coude aux coussins du divan, savait écouter de tous ses yeux, qu'elle avait d'un Orient fort beau, et nous sourire et se draper.

L'un d'entre nous déclarait même que la foi n'est qu'un obstacle... Mais la sensualité, fût-elle exprimée par l'art sous sa forme la plus haute, ne pourra jamais contenir tous les élans de l'âme.

Aujourd'hui, tout cela est loin, très loin, et j'aimerais à savoir ce qu'en pensent ceux de notre petit groupe maintenant dispersé.

Dans ma solitude du Sud, les paroles d'autrefois ont grandi; elles ont pris beaucoup de valeur intérieure. Je les ai associées, dans leur sens le plus nouveau, à tant de spectacles qui me ramènent invinciblement aux âges anciens du monde, à ces époques où la voix des sages et des prophètes avait un retentissement, alors que le bruit des grelots littéraires passe inaperçu dans le vacarme de la rue.

Et je bénis encore ma solitude qui me laisse croire, qui refait de moi un être simple et d'exception, résigné à son destin.

DÉPART

Pour la dernière fois, je me réveille sur la terrasse, à l'appel rauque du moueddhen traînant dans
la nuit.

Il fait frais. Tout dort.

Le Berbri El-Hassani et le nègre Mouley Sahel
se lèvent. Comme moi, ils doivent partir ce matin,
mais en sens contraire.

Je vais remonter à Béchar, Beni-Ounif, et de là
regagner Aïn-Sefra, pour m'y soigner le reste de
l'été de façon, à pouvoir profiter des premiers convois de l'automne.

Alors je pousserai, je l'espère, jusqu'aux oasis
touatiennes. Ces contrées ne sont pas inconnues,
mais on n'a presque rien écrit de valable, rien de
bien observé sur la vie qu'on peut y mener. Ce
sera, je l'espère, mon hivernage.

J'en reviendrai avec des notes, qui compléteront
par un autre livre mes impressions du Sud-Oranais et mes rêveries de la zaouïya. Comme tant
d'autres, j'aurai été, moi aussi, un explorateur,

et ceux qui viendront aux pays dont je parle y re-
connaîtront facilement les choses que j'ai dites.
Quelques-uns de mes camarades, officiers et soldats du Sud, y sauront ajouter les mille riens jour-
naliers de nos causeries. Les mokbazni, avec qui
j'ai vécu, plus simples, indifférents aux choses
écrites, sauront à peine mon nom. Mais quand je
retournerai parmi eux, il leur semblera qu'il-
m'ont quittée la veille. Nous pourrons encore bas
varder au café maure, et ils sauront dans nos chevauchées me chanter leurs complaintes. La lassitude et le désenchantement viendront après des
années... Voilà mon avenir tout droit, tel que du
moins il me plait de l'envisager par ce beau matin
déjà blanchissant qui va se lever sur mon départ
de Kenadsa...

Cependant, mes compagnons font aussi leurs
préparatifs pour aller à Bou-Dnib. Ils voudraient
m'emmener avec eux et je voudrais avoir la force
de les suivre.

— Réfléchis bien, Si Mahmoud, me dit le Berbri,
il en est temps encore. Nous marcherons tout
un mois, nous traverserons des pays où les occasions seront nombreuses pour toi de voir beaucoup de choses et de t'instruire. Nous remonterons
le Guir, nous irons jusqu'au Tafilala ou bien encore
jusqu'au Tisint... Tu seras reçu partout comme
notre frère.

La tentation est bien forte... Mais partir ainsi, faible comme je suis encore, et sans autorisation, sans avertir personne... Ce voyage d'étude et de curiosité ne serait-il pas mal interprété? Bien à contre-cœur, je me résigne à reprendre aujourd'hui la route de Béchar...

Comme ce voyage de retour sera différent de ce qu'il fut à l'aller, quand je marchais vers le pays inconnu !

— Non, El-Hassani, je ne puis pas. Ce sera pour plus tard, dans quelque temps. Quand je pourrai, je te préviendrai.

— Que Dieu rende l'accomplissement de tes projets facile !

Deux autres nègres, qui s'en iront à pied, sont là, assis, immobiles contre le mur, leur fusil sur les genoux. Ils comprennent à peine l'arabe, car ils sont nés et ont grandi sur la route de Fez, chez les Aït-Ischorouschen, les plus frustes et les plus fermés d'entre les Berabers.

L'un d'eux garde un silence farouche et me jette un regard bas. A ses yeux évidemment, je ne suis qu'un réprouvé, un M'zani maudit.

Sur un ordre bref d'El-Hassani les nègres, sellent les chevaux. Du doigt mes compagnons de la zaouïya me montrent la direction du Guir, qu'ils vont prendre. Cependant, ils ne me quitteront pas brusquement. Ils tiennent à m'accompagner un peu et reviendront ensuite sur leurs pas.

— Nous irons avec toi, me dit El-Hassani, jusqu'à l'entrée des cimetières.

Nous sortons. J'ai la gorge si serrée d'émotion, que je puis à peine répondre aux paroles qui me sont adressées. Il faut pourtant que, jusqu'au bout, je garde un cœur d'homme.

Dans les petites dalles aiguës, plantées de champ, comme des ardoises, dans l'argile dure, et qui marquent la longueur des tombes de saillies où butent rarement le pas des chevaux habitués, nous mettons pied à terre, ainsi qu'il est d'usage au moment de la séparation des amis, et nous nous embrassons trois fois.

— Va donc dans la paix et la sécurité de Dieu !
— Puisses-tu rencontrer le bien !

Remontés à cheval, nous partons dans des directions opposées : El-Hassani vers l'Ouest inexploré, où j'aurais tant voulu le suivre, et moi vers le désenchantement des régions connues.

Du haut d'un monticule, je suis longtemps des yeux les gens de Bou-Dnib qui s'éloignent. Ils disparaissent enfin parmi le dédale des dunes et sous le rayonnement rose du jour levant. Avec eux s'évanouit pour moi la dernière lueur d'espoir · de longtemps, jamais peut-être, je ne pourrai pénétrer plus avant au Maroc.

Tandis que ma jument s'avance à pas lents, mes regards désolés se perdent sur la vallée, qu'en venant j'avais trouvée si belle dans la nativité splendide du soleil d'été. Et parce que je reviens en arrière, parce que, peut-être, un long exil, loin du désert aimé, commence pour moi, je trouve le pays très quelconque, presque laid, hérissé de mille pointes où ne s'accroche aucun rayon. . Un grand charme s'est évanoui.

Alors, rageusement, pressant les flancs de ma jument blanche, je m'élance dans un galop fou, et le vent du désert tarit mes yeux humides...

CHOSES DU SAHARA

CHOSES DU SAHARA

Dès le dimanche soir, sur toutes les pistes, à travers toutes les dunes, les nomades arrivent à cheval, à mulet, à pied, poussant les petits ânes patients et les grands chameaux lents qui allongent leur cou souple et leur lippe avide vers les touffes d'alfa verte. « Amour » et « Beni-Guil » — tout ce peuple en migration perpétuelle — se portent vers Aïn-Sefra, pour le grand marché du lundi matin.

Le marché joue un rôle capital dans la vie de l'Arabe et surtout de l'Arabe nomade.

C'est là qu'on se rencontre et qu'on se réunit, c'est là qu'on apprend les nouvelles, et c'est là qu'on pourra gagner un peu d'argent.

Dès l'aube, sur un terrain vague entre le village

et le quartier de cavalerie, la foule s'amasse avec un grand bruit qui ira croissant jusqu'à midi.

Les chameaux s'agenouillent en grondant sourdement, les chevaux attachés aux acacias grêles du boulevard s'ébrouent et hennissent aux juments qui passent. Les hommes se démènent et crient.

Dans tout ce tapage dominent les bêlements nombreux et plaintifs des moutons attachés les uns aux autres par le cou, et le mugissement des petits bœufs et des vaches noires, à peine plus grosses que des veaux.

A terre, les marchandises du Sud s'accumulent en un superbe désordre : toisons sentant violemment le suint, sel brut en morceaux spongieux et gris, peaux de boucs remplies de lait aigre, de beurre ou de goudron de thuya, paniers tressés en alfa, couvertures et haïks aux couleurs éclatantes, burnous neufs encore tout raides, ferrures de chevaux, jarres de terre cuite, cordes de laine, selles, etc.

Et dans ce chaos pittoresque d'objets à vendre, les nomades circulent : « Amour » loqueteux et superbes, « Beni-Guil » en haillons de la couleur du sol, tous avec la ceinture de cuir bastionnée de cartouches.

Des femmes aussi se mêlent aux groupes, vieilles le plus souvent, minées, sèches, le visage tatoué, tanné par de longs étés, la démarche assurée, le geste mâle. Plus rarement, une figure un peu jeune, de beaux yeux d'azur et des dents blanches qui se cachent à demi sous le long voile brodé de fleurs.

... Depuis que les Beni-Guil ont obtenu l'« aman » et viennent sur les marchés de la frontière, ils renaissent à la vie, après l'effrayante misère qu'ils ont subie l'an dernier (1) des mois durant, quand ils tenaient la montagne. Les détrousseurs ont rentré leurs ongles crochus. Ils circulent dans le village, déjà moins déguenillés, sinon moins farouches qu'au début.

Ils passent, regardant les « M'zanat » avec indifférence, presque avec dédain. Ils se décident enfin à entrer dans les boutiques avec méfiance, en bande. Là, commencent d'interminables marchandages. Les nomades discutent pendant des heures, se concertent pour des achats menus.

Dans les cafés maures, ils s'associent à trois ou quatre pour prendre un peu de thé avec un morceau de pain sec.

Quelles têtes sous le large turban recouvert d'un voile en auvent ! Quels profils d'oiseaux de proie, au nez recourbé en bec féroce, aux yeux luisants !

Au marché, pour la moindre contestation, des disputes éclatent. On devine, au ton qu'elles prennent, ce qu'il doit en être en *bled-es-siba* marocain, loin de toute surveillance. Là-bas sur ces marchés

(1) En 1903.

encore plus tumultueux, la poudre parle, des
cadavres roulent parmi les marchandises, du sang
coule sur la terre battue. Ici, les Beni-Guil se contentent de gestes désordonnés, de menaces et d'in-
jures épiques :

— « Attends, fils d'infidèle, enfant du péché !
Ici, nous sommes avachis, nous sommes devenus
semblables à des femmes, à force de manger du
pain blanc et de boire de l'eau courante ! Attends
que nous soyons au delà de Fortassa et que nous
ayons bu de l'eau de redir (1). Tu verras ensuite
si nous sommes des mâles... »

Sur le fond rouge du sol, les teintes neutres
dominent, ocres des vêtements, roux et beiges
ternes des chameaux, noir luisant des bœufs et
des chèvres, grisailles rosées des moutons aux
toisons entassées.

Apre tableau, violent, plein de vie, de cette vie
nomade restée telle encore qu'elle devait être jadis
dans le grand lointain des siècles.

(1) Redir, réservoir naturel où se rassemble l'eau des
pluies. Pour les nomades, le pain blanc et l'eau courante
sont un luxe amollissant.

JOIES NOIRES

Parfois des cris fusent des cantines du village : disputes ou chants de légionnaires en bordée.

... Ici, au « Village Nègre », les derniers bruits s'éteignent.

La pleine lune verse des flots de lumière bleue sur les maisons en toub grises, sur les rues vides et, tout près, sur la dune qui semble diaphane.

Par la porte d'un petit café maure encore entr'ouverte, une raie de lumière rouge glisse sur le sable, jusqu'au mur d'en face.

Des sons tumultueux — des sons de tam-tam et de chants — s'échappent de ce taudis blanchi à la chaux.

Nous entrons, le nègre Saadoun et moi.

... Il faut traverser la salle, grande comme une cellule, puis pénétrer dans la cour par un trou à peine praticable.

Au milieu des décombres, dans la clarté diffuse

qui tombe d'en haut, un groupe de femmes s'agite.

Deux vieilles, accroupies dans l'ombre, battent du tambourin et chantent, en leur idiome incompréhensible, une mélopée infiniment traînante, coupée d'une sorte de halètement sauvage, de râles rauques, saccadés.

Trois autres négresses dansent.

L'une d'elles est jeune et belle.

Son long corps souple se tord, ondoie et se renverse lentement, avec des frémissements factices, tandis que ses bras ronds, aux chairs dures, esquissent une étreinte passionnée.

Sa tête roule alors sur ses épaules et ses larges yeux roux se ferment à demi, tandis qu'un sourire langoureux entr'ouvre ses lèvres sur l'émail parfait de ses dents.

Des reflets argentés courent sur les cassures des plis raides de sa longue tunique de soie bleu de ciel qui flotte autour de ses épaules, comme de grandes ailes vaporeuses

Les lourds bijoux d'argent sonnent en cadence.

Parfois, quand elle frappe les paumes de ses mains, ses bracelets s'entrechoquent avec un bruit de chaînes.

Deux autres femmes, fanées, avec des masques de momies, secouent des voiles rouge sang sur des corps pesants.

...En face, assis le long du mur, les hommes regardent cette danse des prostituées noires, qui comme un rite rapporté de la patrie soudanaise, revient tous les mois à la pleine lune.

Quatre ou cinq nègres, dont deux Soudanais de race pure, types de rare et décevante beauté nègre, aux traits fins, aux long yeux roux, tout arabes. Leurs joues sont ornées de longues entailles au fer rouge et un anneau d'argent traverse le lobe de leur oreille droite.

Immobiles, impassibles, l'œil fasciné par les danses, ils regardent, sans un mot.

Les autres, kharatine et métis, rient avec des attitudes et des grimaces simiesques.

... Un seul blanc parmi eux, un spahi, fine figure d'Arabe des Hauts-Plateaux, l'amant de la belle négresse.

Accoudé sur son burnous rouge plié, il regarde, lui aussi, en silence.

Un pli dur fronce ses sourcils arqués et les abaisse sur l'éclat de ses yeux noirs où passent les reflets changeants de ses émotions.

Tantôt, quand se pâme la négresse qui le regarde et lui sourit de temps en temps, tout le corps musclé du spahi s'étire... Tantôt, quand elle semble prêter un peu d'attention aux rires et aux plaisanteries des nègres, les mains nerveuses du nomade, qu'aucun travail n'a jamais-déformées, se crispent convulsivement.

Et il ne nous voit pas même entrer. Il met toute son âme dans cette contemplation de la femme qui lui a fait oublier son foyer, ses enfants, ses amis, qui l'a pris et le retient là, dans son bouge en ruines.

. A côté, dans une petite chambre voûtée, dans une niche de la muraille nue et blanche, une bougie brûle.

Sur des nattes, sur des hardes bariolées, une dizaine de nègres sont à demi couchés.

Entre eux, sur un plateau en cuivre, des verres à thé et des petites pipes de kif.

Des loques blanches sur des corps noirs aux muscles saillants comme des cordes, des voiles de mousseline terreuse autour de faces progna-thiques et lippues; çà et là, le rouge écarlate d'une chéchiya...

Les deux Soudanais qui étaient dans la cour nous ont suivis.

Ils s'assoient côte à côte, au fond de la pièce.

L'un prend un *bendir*, un tambourin arabe, et l'autre un chalumeau.

Alors, une des négresses apporte une cassolette en terre cuite avec, sur des charbons ardents, de la poudre de benjoin et de l'écorce de cannelle.

La petite fumée bleue monte sous la voûte et emplit bientôt le réduit où s'épaissit une lourde chaleur.

Les deux nègres commencent leur musique, len-tement d'abord, comme paresseusement.

Puis peu à peu, ils s'excitent. Des gouttes de

sueur perlent sur leur front, les prunelles sombres de leurs yeux se dilatent et leurs narines mêmes palpitent. Ils se renversent en arrière, roulant sur la natte, comme ivres.

L'homme au tambourin élève son instrument à bras tendus, au-dessus de sa tête, et frappe, frappe, par saccades sourdes, sans cesse accélérées, jusqu'à une cadence folle.

Le joueur de chalumeau, les yeux fermés, balance sa tête coiffée du haut turban à cordelettes des nomades arabes.

Les autres chantent, sans s'arrêter, comme sans respirer, et c'est le chant haletant, le terrible chant qui, tout à l'heure, soulevait d'une ardeur sauvage la chair en moiteur des négresses.

Les pipes de kif circulent.

Peu à peu, avec le thé à la menthe poivrée, avec les fumées odorantes, les senteurs nègres, la musique et l'étouffement de la pièce, un souffle de démence semble effleurer les fronts ruisselants des nègres.

Des sursauts convulsifs les secouent tout entiers.

Tout à coup, le beau Soudanais qui jouait du tambourin semble pris de fureur. Il lance de toutes ses forces le *bendir* sur les trois petites cornes du brûle-parfums.

La peau mince se crève.

Alors des rires s'élèvent. Avec une sorte de rage, les nègres déchirent l'instrument.

... Et le chalumeau pleure, pleure à l'infini, sur un air d'une déchirante tristesse.

Je sors, la tête en feu.

Dans la cour, les femmes ont allumé un feu de palmes sèches, qui illumine d'une clarté brutale leurs contorsions lascives.

Accoudé sur son burnous rouge, le spahi contemple sa maîtresse plus ondoyante et plus excitée, à mesure que l'heure s'avance. Il n'a pas bougé, et le pli dur de ses sourcils s'est accentué.

De ce taudis noir s'exhale une sensualité violente, exaspérée jusqu'à la folie et qui finit par devenir profondément troublante.

... Dehors, tout se tait, tout rêve et tout repose, dans la clarté froide de la lune.

Il fait bon s'en aller au galop, par la brise fraîche de la mi-nuit, sur la route déserte, fuir la griserie sombre de cette terrible orgie noire.

CHANSON DU SPAHI

Écoute, ami, le récit de ma peine
Entre les peines du monde,
Écoute ce qui est arrivé à ton frère,
Au fils de ta tribu,
Écoute, et demande-toi d'où me vient la patience..
Le chagrin de mon cœur pouvait tuer dix hommes!

J'étais jeune, le cadet dans la tente de mon père,
Le cadet de ses fils beaux comme des lions.

Quand le duvet d'homme eut noirci ma lèvre,
Mon père me donna un fusil et un cheval gris,
Un cheval ardent.

Il me donna aussi une épouse au front clair,
Aux yeux de nuit.
Son nom devait apporter la chance sous la tente:
On l'appelait Saïda, du nom de la ville de nos aïeux,
Saïda, une perle parmi les filles des Rzaïn!

Mais il était écrit sur la page de mon destin :
Celui-ci ne connaîtra que la souffrance,
Et la tristesse !

Il vint une heure que moi je n'avais pas prévue :
L'heure de l'ange de la mort tombante
Quand il toucha de l'aile le front de Saïda.

Je pleurai, tel une femme,
Trois jours et trois nuits je pleurai :
Puis mon sang bouillonna comme un vin de palmier,
Et je sentais son feu qui me brûlait le cœur.

Il y eut des paroles entre moi et mon frère ;
Sans l'aide de Dieu la poudre eût parlé.
Je partis seul, errant comme un fou,
Je cherchais le mâle qui me tuerait...

Enfin, las de la misère et de la vie, je me suis vendu
Je suis allé à Saïda
Parce que ce nom m'avait blessé,
Je me suis engagé pour un peu d'argent,
J'ai caché mes origines sous le burnous rouge.

Maintenant j'ignore si on naît ou si on meurt
Sous ma tente.
Je ne cherche pas à savoir, je ne demande rien.
Sans doute les femmes ont pleuré sur moi
Comme sur un mort.

Sans doute mon père s'est détourné de moi,
Et mes frères m'ont renié...

Mais je ne reviendrai pas.
Nous allons dans le Sud, au pays de la poudre !
Si je tombe là-bas, dans le pays désert,
L'aigle et le chacal l'apprendront bientôt.

Dis-moi, fais-moi savoir qui lavera mon corps,
Qui pleurera sur la tombe du soldat orphelin,
Qui saura que mon cœur trembla comme un ramier
Entre les mains des jeunes filles.
Dis-moi, fais-moi savoir...

LE LAVEUR DES MORTS

*(Chanté sous la tente, entre Aflou
et Tagguin, par le cavalier Mohamed ould Abd-el-Kader Ben-Ziane.)*

Je te salue, frère au cœur pur !
O dernier visiteur, tu entres sous ma tente...
C'est à toi que je dirai, à toi seul, toute la vérité.

J'ai passé la porte où tous passeront :
Les bergers et les aghas, les caïds et les mendiants.
Je ne te mentirai pas sur le seuil :
Dans la maison de l'autre monde
On laisse après soi la ruse.

J'ai cru en l'amitié des frères du même sein,
En l'amour des enfants issus de ma chair ;
J'ai cru aux richesses sous une tente large ;
J'ai voulu l'abondance des repas
Et la splendeur des vêtements.

J'ai recherché la vitesse et l'ardeur des étalons,
Et la force du bras qui honore l'homme,
Et la pudeur qui couronne le front de la femme.

Mais l'heure est venue
Et l'ange de ma mort s'est approché:
Je me suis couché et je te sa ue,
O laveur des morts, seul ami qui me reste !

Mon corps aura de toi la dernière caresse,
Par toi je connaîtrai le linceul
Qui sera pour moi le vêtement blanc de l'éternité.

Quand on m'aura donné l'asile de la tombe,
Quand les cœurs musulmans
Auront prié sur moi la dernière prière,
On m'oubliera bientôt, on oubliera mon nom,
Car mon nom était fait pour la vie.

O laveur des morts, après deux ans
Va demander aux épines qui poussent sur ma tombe
Quelles sont les larmes amies qui l'arrosent,
Quelles sont les lamentations qui charment le vent.

Elles te diront : la pluie du ciel
Et le chant des oiseaux qui meurent aussi,
La pluie du ciel et le chant des oiseaux
A la gloire de Celui qui ne meurt pas !...

DANS LA DUNE

C'était sur la fin de l'automne 1900, presque en
hiver déjà. Je campais alors, avec quelques bergers de la tribu des Rebaïa, dans une région
déserte entre toutes, au sud de Taïbeth-Guéblia,
sur la route d'Eloued à Ouargla (1).

Nous avions un troupeau de chèvres assez
nombreux, et quelques malheureux chameaux,
maigres et épuisés, — épaves de l'expédition
d'In-Salah, qui a dépeuplé de chameaux le Sahara
pour des années, car la plupart ne sont pas
revenus des convois lointains d'El-Goléa et
d'Igli.

(1) A ce moment Isabelle Eberhardt, partant comme un
héros de roman d'aventures, s'était mis en tête de savoir
au juste dans quelles conditions le marquis de Morès avait
trouvé la mort. Les indices qu'elle avait pu recueillir à
Tunis et dans le Sahel tunisien, l'année précédente, avaient
ancé sa jeune curiosité dans cette voie.

Elle devait, pour arriver à son but, se familiariser avec
les tribus nomades du Sud-Constantinois, vivre de leur vie,
écouter patiemment les récits de la tente. — Elle trouvait
surtout dans cette vie un merveilleux champ d'études.

Nous étions alors huit, en nous comptant, mon serviteur Aly et moi. Nous vivions sous une grande tente basse en poil de chèvre, que nous avions dressée dans une petite vallée entre les dunes. — Après les premières petites pluies de novembre, l'étrange végétation saharienne commençait à renaître. Nous passions nos journées à chasser les innombrables lièvres sahariens, et surtout à rêver, en face des horizons moutonnants.

Le calme et la monotonie, jamais ennuyeuse cependant, de cette existence au grand air provoquaient en moi une sorte d'assoupissement intellectuel et moral très doux, un apaisement bienfaisant.

Mes compagnons étaient des hommes simples et rudes, sans grossièreté pourtant, qui respectaient mon rêve et mes silences — très silencieux eux-mêmes d'ailleurs.

Les jours s'écoulaient, paisibles, en une grande quiétude, sans aventures et sans accidents...

Cependant, une nuit que nous dormions sous notre tente, roulés dans nos burnous, un vent du Sud violent s'éleva et souffla bientôt en tempête, soulevant des nuages de sable.

Le troupeau bêlant et rusé réussit à se tasser si près de la tente que nous entendiöns la respiration des chèvres. Il y en eut même quelques-unes qui pénétrèrent dans notre logis et qui s'y installèrent malgré nous, avec l'effronterie drôle propre à leur espèce.

La nuit était froide, et je dus accueillir, sans
trop de mécontentement, un petit chevreau qui
s'obstinait à se glisser sous mon burnous et se
couchait contre ma poitrine, répondant par des
bourrades de son front têtu à toutes mes tenta-
tives d'expulsion.

Fatigués d'avoir beaucoup erré dans la journée,
nous nous endormîmes bientôt, malgré les hurlements lugubres du vent dans le dédale des dunes
et le petit bruit continu, marin, du sable qui pleuvait sur notre tente.

Tout à coup, nous fûmes à nouveau réveillés en
sursaut, sans pouvoir, au premier moment, nous
rendre compte de ce qui arrivait, mais écrasés,
étouffés, sous un poids très lourd : une rafale
plus violente avait chaviré notre tente, nous ense-
velissant sous ses ruines. Il fallut sortir, ramper à
plat ventre, péniblement, dans la nuit noire où le
vent froid faisait fureur, sous un ciel d'encre.

Impossible ni de remonter la tente dans l'obscurité, ni d'allumer notre petite lanterne. Il pouvait être trois heures déjà, et nous préférâmes
nous coucher, maussades, à la belle étoile, en
attendant le jour. Aly dut encore extraire à
grand' peine quelques couvertures et quelques
burnous de dessous la tente, et il fallut aussi
sauver les chèvres qui gémissaient et se débat-
taient furieusement

Étouffant dans mon burnous sur lequel le sable

continuait de tomber en pluie, tenue éveillée par les hennissements de frayeur et les ruades de mon pauvre cheval attaché à un piquet et bousculé par les chèvres inquiètes, je ne parvins plus à me rendormir.

Le vent avait cessé presque tout à fait. Aly était occupé à allumer un grand feu de broussailles. Nous nous assîmes tous autour du bienfaisant brasier, transis et courbaturés. Seul Aly conservait sa bonne humeur habituelle, nous plaisantant sur nos airs de déterrés.

Le jour se leva, limpide et calme, sur le désert où la tourmente de la nuit avait laissé une infinité de petits sillons gris, comme les rides d'une tempête sur le sable.

L'idée me vint d'aller faire un temps de galop dans la plaine qui s'étendait au-delà de la ceinture de dunes fermant notre vallée.

Aly resta pour reconstruire la tente et mettre en ordre notre petit ménage ensablé et dispersé durant la nuit. Il me recommanda cependant de ne pas trop m'éloigner du camp.

Mais bah ! dès que je fus dans la plaine, je lâchai la bride à mon fidèle « Souf » qui partit à toute vitesse, énervé, lui aussi, par la mauvaise nuit qu'il avait passée.

Longtemps nous courûmes ainsi, à une vitesse vertigineuse, ivres d'espace, dans le calme serein du jour naissant.

Enfin, mettant à grand'peine mon cheval au pas, je me retournai et je vis que j'étais très loin déjà des dunes...

Sans aucune hâte de rentrer au campement, l'idée me vint de passer par les collines qui ferment la plaine. Je m'engageai donc dans un dédale de monticules de plus en plus élevés, en prenant le chemin de l'ouest.

Il y avait là des vallées semblables à la nôtre et, pour ne pas perdre trop de temps, je laissais trotter « Souf » dans ces endroits plus plats.

Peu à peu, le ciel s'était de nouveau couvert de nuages, et le vent commençait à tomber. Sans la bourrasque de la nuit qui avait séché et déplacé toute la couche superficielle du sable, un vent aussi faible n'eût pu provoquer aucun mouvement à la surface du sol. Mais la terre était réduite à l'état de poussière presque impalpable, et le sable continuait doucement à couler des dunes escarpées. Je remarquai bientôt que mes traces disparaissaient très vite.

Après une heure je commençais à être étonnée de ne pas encore être arrivée au camp. Il était déjà assez tard, et la chaleur devenait lourde. Pourtant, je remontais bien vers l'ouest?..

Enfin, je finis par m'arrêter, comprenant que j'avais fait fausse route et que j'avais dû dépasser le campement.

Mais je demeurais perplexe... Où fallait-il me

diriger? En effet, je ne pouvais pas savoir si je me trouvais au-dessus ou au dessous de la route, c'est-à-dire si j'avais passé au nord ou au sud du camp. Je risquais donc de m'égarer définitivement. Cependant, je me décidai à prendre résolument la direction du nord, la moins dangereuse dans tous les cas.

Mais, là encore, je n'aboutis à rien, après avoir marché pendant une heure ; alors, je redescendis vers le sud.

Il était trois heures après midi, déjà, et ma mésaventure ne m'amusait plus : je n'avais qu'un pain arabe dans le capuchon de mon burnous et une bouteille de café froid. Je commençais à me demander ce que j'allais devenir, si je ne retrouvais pas mon chemin avant la nuit.

Laissant mon « Souf » dans une vallée, je grimpai sur la dune la plus élevée de la région ; autour de moi, de tous côtés, je ne vis que la houle grise des monticules de sable, et je ne parvenais pas à comprendre comment j'avais pu, en si peu de temps, m'égarer à ce point.

Enfin, ne voulant plus continuer à errer sans but, craignant d'être prise par la nuit dans un endroit stérile où mon cheval, déjà privé d'eau, ne trouverait même pas d'herbe, je me mis à la recherche d'une vallée commode pour passer la nuit.

— Demain, dès l'aube, je me mettrai en route

vers le nord, pensai-je, et je gagnerai la route de
Taïbeth...

Je découvris un vallon profond et allongé, où
une végétation plus touffue avait poussé, éton-
namment verte. Je débarrassai « Souf » de son harnachement, et je le lâchai, allant moi-même ex-
plorer mon « île de Robinson ».

Au milieu d'un espace découvert, je trouvai un
tas de cendres à peine mêlées de sable, et quelques
os de lièvre : des chasseurs avaient dû passer la
nuit là. Peut-être reviendraient-ils ?

Ces chasseurs du Sahara sont des hommes rudes
et primitifs, vivant à ciel ouvert, sans résidence fixe.
Quelques-uns laissent leurs familles très loin, dans
les ksour ; d'autres sont de véritables enfants des
sables, errant avec femmes et enfants — mais
ceux-là sont rares. Leur vie à tous est aussi libre
et aussi peu compliquée que celle des gazelles du
désert.

Parmi ces chasseurs, il y a bien quelques « irré-
guliers » fuyant dans les solitudes la justice des
hommes. Cependant, dans ces régions encore
assez voisines des villes et des villages, les dissi-
dents, comme on les appelle en langage administratif, sont rares, et je souhaitais de voir apparaître
les chasseurs dont j'avais retrouvé les traces, afin
de sortir au plus vite de la situation ridicule où
je m'étais mise. Dans quelles transes devaient
être mes compagnons, surtout le fidèle Aly ?

Un hennissement joyeux me tira de ces réflexions : mon cheval s'était approché d'un fourré très épais et très vert et, la tête enfoncée dans les branches, semblait flairer quelque chose d'insolite.

... Entre les buissons, il y avait un de ces « hassi » nombreux du Sahara, perdus souvent en dehors de toutes les routes, puits étroits et profonds, que seuls les guides connaissent.

La végétation presque luxuriante de la vallée s'expliquait par la présence de cette eau à une faible profondeur.

Je me mis en devoir de puiser, au moyen de ma bouteille attachée au bout de ma ceinture.

Soudain j'entendis une voix qui disait, tout près derrière moi :

— Que fais-tu là, toi ?

Je me retournai : devant moi se tenaient trois hommes bronzés, presque noirs, en loques, portant leur maigre bagage dans des sacs de toile et armés de longs fusils à pierre.

— J'ai soif.

— Tu t'es égaré ?

— Je campe non loin d'ici avec des Rebaïa, des Souafa, des bergers...

— Tu es Musulman ?

— Oui, grâce à Dieu !

Celui qui m'avait adressé la parole était presque un vieillard. Il étendit la main et toucha mon chapelet.

— Tu es de Sidi Abd-el-Kader Djilani... Alors, nous sommes frères... Nous aussi nous sommes Kadriya.

— Dieu soit loué ! dis-je.

J'éprouvai une joie intense à trouver en ces nomades des confrères : entre adeptes de la même confrérie l'aide mutuel et la solidarité sont de règle. Eux aussi portaient en effet le chapelet des Kadriya.

— Attends, nous avons une corde et un bidon; nous ferons boire ton cheval et tu passeras la nuit avec nous; demain matin, nous te ramènerons à ton camp. Tu t'es beaucoup éloigné vers le sud, tu as passé le camp des Rebaïa et, maintenant, en prenant par les raccourcis, il faut au moins trois heures pour y arriver.

Le plus jeune d'entre eux se mit encore à rire :

— Tu es dégourdi, toi !

— De quelles tribus êtes-vous ?

— Moi et mon frère, nous sommes des Ouled-Seïh de Taïbeth-Guéblia et celui-là, Ahmed Bou-Djema, est Chaambi des environs de Berressof. Son père avait un jardin à Eloued, dans la colonie des Chaamba qui est au village d'Elakbab. Il s'est sauvé, le pauvre...

— Pourquoi ?

— A cause des impôts. Il est parti à In-Salah avec notre cheikh, Sidi Mohammed Taïeb ; quand il est revenu, il a trouvé sa femme morte, emportée par l'épidémie de typhus, et son jardin privé de toute culture ; alors, il a gagné le désert — à cause des impôts.

Le jeune Seïhi qui parlait ainsi avait attiré mon attention par la primitivité de ses traits et l'éclat sournois de ses grands yeux fauves. Il eût pu servir de type accompli de la race nomade, fortement métissée d'Arabe asiatique, qui est la plus caractéristique du Sahara.

Ahmed Bou-Djema, maigre et souple, semblait être son aîné, autant qu'on en put juger, car la moitié de sa face était voilée de noir, à la façon des Touareg.

Quant au plus âgé, il avait une belle tête de vieux coupeur de routes, aquiline et sombre.

Ahmed Bou-Djema portait, pendus à sa ceinture, deux superbes lièvres. Il s'écarta un peu du puits et, après avoir dit « Bismillah ! » il se mit à vider son gibier.

Le soleil avait disparu derrière les dunes, et les derniers rayons roses du jour glissaient au ras du sol, entre les buissons aux feuilles pointues et les jujubiers. Les touffes de *drinn* semblaient d'or, dans la grande lueur rouge du soir.

Sélem, l'aîné des deux frères, s'écarta de notre groupe et, étendant son burnous loqueteux sur le sable, il commença à prier, grave et comme grandi.

— Vous n'avez point de famille ? demandai-je à

Hama Srir, pendant que nous creusions un trou
dans le sable pour la cuisson des lièvres.

— Sélem a sa femme et ses enfants à Taïbeth.
Moi, ma femme est dans les jardins de Remirma,
dans l'Oued-Rir, chez sa tante.

— Ne t'ennuies-tu pas, loin de ta famille ?

— Le sort est le sort de Dieu. Bientôt j'ira.
chercher ma femme. Quand les enfants de Sélem
seront grands ils chasseront comme leur père.

— *In châ Allah !*

— *Amine.*

Tout me charmait et m'attirait, dans la vie libre
et sans souci de ces enfants du grand Sahara splendide et morne.

Après avoir lié en boule les lièvres, nous les
mîmes, avec leur fourrure, au fond du trou, sous
une mince couche de sable. Puis nous allumâmes
par-dessus un grand feu de broussailles.

— Alors, tu t'es marié chez les Rouara ?

Hama Srir fit un geste vague :

— C'est toute une histoire ! Tu sais que nous
autres, Arabes du Désert, nous ne nous marions
guère en dehors de notre tribu...

Le roman de Hama Srir piquait ma curiosité
Voudrait-il seulement me le conter ? Cette histoire
devait être simple, mais empreinte du grand
charme mélancolique de tout ce qui touche au
désert.

Après le souper, Sélem et Bou-Djema s'endormirent bientôt. Hama Srir, à demi couché près de moi, tira son « matoui » (petit sac en filali pour le kif) et sa petite pipe. Je portais, moi aussi, dans la poche de ma gandoura, ces insignes du véritable Soufi. Nous commençâmes à fumer.

— Hama, raconte-moi ton histoire ?

— Pourquoi ? Pourquoi t'intéresses-tu à ce qu'ont fait des gens que tu ne connais pas ?

— Je t'adopte pour frère, au nom d'Abd-el-Kader Djilani.

— Moi aussi.

Et il me serra la main.

— Comment t'appelles-tu ?

— Mahmoud ben Abdallah Saâdi.

— Écoute, Mahmoud, si je ne t'adoptais pas, moi aussi, pour frère, si nous ne l'étions pas déjà par notre cheikh et notre chapelet, et si je ne voyais pas que tu es un taleb, je me serais mis fort en colère au sujet de ta demande, car il n'est pas d'usage, tu le sais, de parler de sa famille. Mais écoute, et tu verras que le « mektoub » de Dieu est tout-puissant, que rien ne saurait le détourner.

— Deux années auparavant, Hama Srir chassait avec Sélem dans les environs du bordj de Stah-el-Hamraïa, dans la région des grands « chotts » sur la route de Biskra à Eloued.

C'était en été. Un matin, Hama Srir fut piqué

par une « lefaâ » (vipère à cornes) et courut au bordj : la vieille belle-mère du gardien, une Riria (originaire de l'Oued-Rir) savait guérir toutes les maladies — celles du moins que Dieu permet de guérir.

Le gardien était parti pour Eloued avec son fils, et le bordj était resté à la garde de la vieille Mansoura et de sa belle-fille déjà âgée, Tébberr. Vers le soir, Hama Srir ne souffrait presque plus et il quitta le bordj, pour aller rejoindre son frère dans le chott Bou-Djeloud. Mais il avait un peu de fièvre, et il voulut boire. Il descendit à la fontaine, située au bas de la colline rougeâtre et dénudée de Stah-el-Hamraïa.

Là, il trouva l'aînée des filles du gardien, Saâdia, qui avait treize ans et qui, femme déjà, était belle sous ses haillons bleus. Et Saâdia sourit au nomade, et longuement ses grands yeux roux le fixèrent.

— Dans quinze jours, je reviendrai te demander à ton père, dit-il.

Elle hocha la tête.

— Il ne voudra jamais. Tu es trop pauvre, tu es un chasseur.

— Je t'aurai quand même, si Dieu en a décidé ainsi. Maintenant remonte au bordj, et garde-toi pour Hama Srir, pour celui que Dieu t'a promis.

— *Amine !*

Et lentement, courbée sous sa lourde « guerba »

en peau de bouc pleine d'eau, elle reprit le chemin escarpé de son bordj solitaire.

Hama Srir ne parla point à Sélem de cette rencontre, mais il devint songeur.

— « Il ne faut jamais dire ses projets d'amour, cela porte malheur », précisa-t-il.

Tous les soirs, quand le soleil embrasait le désert ensanglanté et déclinait vers l'Oued-Rir' salé, Saâdia descendait à la fontaine pour attendre « celui que Dieu lui avait promis ».

Un jour qu'elle était sortie à l'heure ardente de midi, pour abriter son troupeau de chèvres, elle crut défaillir : un homme, vêtu d'une longue gandoura et d'un burnous blancs, armé d'un long fusil à pierre, montait vers le bordj.

En hâte elle se retira dans le coin de la cour où était leur humble logis et là, tremblante, elle invoqua tout bas Djilani « l'Émir des Saints » car, elle aussi, était de ses enfants.

L'homme entra dans la cour et appela le vieux gardien :

— Abdallah ben Hadj Saâd, dit-il, mon père était chasseur, il appartenait à la tribu des chorfa Ouled-Seïh, de la ville de Taïbeth-Guéblia. Je suis un homme sans tare et dont la conscience est pure Dieu — le sait. Je viens te demander d'entrer dans ta maison, je viens te demander ta fille.

Le vieillard fronça le sourcil.

— Où l'as-tu vue ?

— Je ne l'ai pas vue. Des vieilles femmes d'Eloued m'en ont parlé... Telle est la destinée.

— Par la vérité du Koran auguste, tant que je
vivrai jamais un vagabond n'aura ma fille !

Longuement Hama Srir regarda le vieillard.

— Ne jure pas les choses que tu ignores... Ne
joue pas avec le faucon : il vole dans les nuages et
regarde en face le soleil. Évite les larmes à tes
yeux que Dieu fermera bientôt !

— J'ai juré.

— *Chouf Rabbi !* (Dieu verra) dit Hama Srir.
Et sans ajouter un mot, il partit.

Si Abdallah, indigné, entra dans sa maison et,
s'adressant à Saâdia et à Emborka, il dit :

— Laquelle de vous deux, chiennes, a laissé
voir son visage au vagabond ?

Les deux jeunes filles gardèrent le silence.

— Si Abdallah, répondit pour elles l'aïeule
vénérée, le vagabond est venu le mois dernier se
faire panser pour une morsure de « lefaâ ». Ma fille
Tébberr, qui est âgée, m'a aidée. Le vagabond n'a
vu aucune des filles de Tébberr. Nous sommes
vieilles, le temps du hedjeb (retraite des femmes
arabes) est passé pour nous. Nous avons soigné
le vagabond dans le sentier de Dieu.

— Garde-les, et qu'elles ne sortent plus.

Saâdia, l'âme en deuil, continua pourtant à
attendre, obstinément, le retour de Hama Srir,
car elle savait que, si vraiment Dieu le lui

avait destiné, personne ne pouvait les empêcher de s'unir.

Elle aimait Hama Srir, et elle avait confiance.

Près d'un mois s'était écoulé depuis que le chasseur était monté au bordj pour demander Saâdia, et il ne reparaissait pas. Il était bien près, cependant, attardé dans la région des chotts, et, chaque nuit, les chiens féroces de Stah-el-Hamraïa aboyaient...

Lui aussi, il avait juré.

Un soir, se relâchant un peu de sa surveillance farouche, comme Tébberr était malade, Si Abdallah ordonna à Saâdia de descendre à la fontaine, sans s'attarder.

Il était déjà tard, et la jeune fille descendit, le cœur palpitant.

La pleine lune se levait au-dessus du désert, baigné d'une transparence aussi bleue que peut l'être la nuit. Dans le silence absolu, les chiens avaient des rauquements furieux.

Pendant qu'elle remplissait sa guerba, les bras dans l'eau du bassin, Saâdia vit passer une ombre entre les figuiers du jardin.

— Saâdia !

— Louange à Dieu !

Hama Srir l'avait saisie par le poignet et l'entraînait.

— J'ai peur ! J'ai peur !

Elle **posa** sa main tremblante dans la main forte du nomade et ils se mirent à courir à travers le chott Bou-Djeloud, dans la direction de l'Oued Rir'... et quand elle disait « J'ai peur, arrête-toi ! » il la soulevait irrésistiblement dans ses bras, car il savait que cette heure lui appartenait et que toute la vie était contre lui.

Ils fuyaient, et déjà les aboiements des chiens s'étaient lassés.

Le vieillard, surpris et irrité du retard de sa fille, sortit du bordj et l'appela à plusieurs reprises. Mais sa voix, sans réponse, se perdit dans le silence lourd de la nuit. Un frisson glaça les membres du vieillard. En hâte, il alla chercher son fusil et descendit.

La gamelle flottait sur l'eau et la guerba vide traînait à terre.

— Chienne ! elle s'est enfuie avec le vagabond. La malédiction de Dieu soit sur eux !

Et il rentra, le cœur irrité, sans une larme, sans une plainte.

— Celui qui engendre une fille devrait l'étrangler aussitôt après sa naissance, pour que la honte ne forçât pas un jour la porte de sa maison, dit-il en rentrant chez lui. — Femme, tu n'as plus qu'une seule fille... et celle-ci est même de trop !... Tu n'as pas su garder ta fille.

Les deux vieilles et Emborka commencèrent à

pleurer et à se lamenter comme sur le cadavre d'une morte, mais Si Abdallah leur imposa silence.

... Cependant les deux amants avaient fui longtemps à travers la plaine stérile.

— Arrête-toi, supplia Saâdia, mon cœur est fort mais mes jambes sont brisées... Mon père est vieux et il est fier. Il ne nous poursuivra pas.

Ils s'assirent sur la terre salée et Hama Srir se mit à réfléchir. Il avait tenu parole, Saâdia était à lui, mais pour combien de temps ?

Il résolut enfin, pour échapper aux poursuites, de la mener à Taïbeth, et, là, de l'épouser devant la djemaâ de sa tribu, sans acte de mariage.

Saâdia, lasse et apeurée, s'était couchée près de son maître. Il se pencha sur elle et calma d'un baiser son cœur encore bondissant...

Quatre nuits durant ils marchèrent, mangeant les dattes et la « mella » de Hama Srir. Pendant la journée, par crainte des deïras et des spahis d'El-Oued, ils se tenaient cachés dans les dunes.

Enfin, vers l'aube du cinquième jour, ils virent se profiler au loin les murailles grises et les coupoles basses de Taïbeth-Guéblia.

Hama Srir mena Saâdia dans la maison de ses parents et leur dit : « Celle-ci est ma femme. Gardez-la et aimez-la à l'égal de Fathma Zohra votre fille. »

Quand ils furent unis devant l'assemblée de la tribu, Hama Srir dit à Saâdia:

— Pour que Dieu bénisse notre mariage, il faut que ton père nous pardonne. Sans cela, lui, ta mère et ton aïeule qui m'a été secourable, pourraient mourir avec le cœur fermé sur nous. Je te mènerai dans ton pays, chez ta tante Oum-el-Aâz. Quant à moi, je sais ce que j'ai à faire.

Le lendemain, dès l'aube, il fit monter Saâdia, strictement voilée, sur la mule de la maison, et ils descendirent vers l'Oued Rir'.

Ils passèrent par Mezgarine-Kedina, pour éviter Touggourth, et furent bientôt rendus dans les jardins humides de Remirma,

Oum-el-Aâz était vieille. Elle exerçait la profession de sage-femme et de guérisseuse. On la vénérait et même certains hommes parmi les Rouara superstitieux la craignaient.

C'était une Riria bronzée avec un visage de momie dans le scintillement de ses bijoux d'or, maigre et de haute taille, sous ses longs voiles d'un rouge sombre. Ses yeux noirs, où le khol jetait une ombre inquiétante, avaient conservé leur regard. Sévère et silencieuse, elle écouta Hama Srir et lui ordonna d'écrire en son nom une lettre au père de Saâdia.

— Si Abdallah pardonnera, dit-elle avec une assurance étrange. D'ailleurs, il ne durera plus longtemps.

Hama Srir entra dans l'oasis et découvrit un taleb qui, pour quelques sous, écrivit la lettre.

— « Louange à Dieu seul ! — Le salut et la paix soient sur l'Elu de Dieu !

« Au vénérable, à celui qui suit le sentier droit et fait le bien dans la voie de Dieu, le très pieux, le très sûr, le père et l'ami, Si Abdallah bel Hadj Sâad, au bordj de Stah-el-Hamraïa, dans le Souf, le salut soit sur toi, et la miséricorde de Dieu, et sa bénédiction pour toujours ! Ensuite, sache que ta fille Saâdia est vivante, et en bonne santé, Dieu soit loué ! — et qu'elle n'a d'autre désir que celui de se trouver avec toi et sa mère et son aïeule et sa sœur et son frère Si Mohammed en une heure proche et bénie. Sache encore que je t'écris ces lignes sur l'ordre de ta belle-sœur, lella Oum-el-Aâz bent Makoub Rir'i, et que c'est dans la maison de celle-ci qu'habite ta fille. Apprends que j'ai épousé, selon la loi de Dieu, ta fille Saâdia et que je viens te demander ta bénédiction, car tout ce qui arrive, arrive par la volonté de Dieu. Après cela, il n'y a que la réponse prompte et propice et le souhait de tout le bien. Et le salut soit sur toi et ta famille de la part de celui qui a écrit cette lettre, ton fils et le pauvre serviteur de Dieu :

« HAMA SRIR BEN ABDERRAHMAN CHÉRIF. »

Quand cette lettre parvint au vieil Abdallah,

illettré, il se rendit à Guémar, à la zaouïya de
Sidi Abd-el-Kader. Un mokaddem lui lut la lettre,
puis, le voyant fort perplexe, lui dit :

— Celui qui est près d'une fontaine ne s'en va
pas sans boire. Tu es près de notre cheikh et tu
ne sais que faire : va-t-en lui demander conseil.

Abdallah consulta donc le cheikh qui lui dit :

— Tu es vieux. D'un jour à l'autre Dieu peut te
rappeler à lui, car nul ne connaît l'heure de son
destin. Il vaut mieux laisser comme héritage un
jardin prospère qu'un monceau de ruines.

Alors, obéissant au descendant de Djilani et son
représentant sur la terre, Si Abdallah ploya sous
sa doctrine et pria le mokaddem de composer une
lettre de pardon pour le ravisseur.

« ... Et nous t'informons par la présente que
nous avons pardonné notre fille Saâdia ! Dieu lui
accorde la raison, et que nous appelons la bénédiction du Seigneur sur elle, pour toujours. Amin !
Et le salut soit sur toi de la part du pauvre, du
faible serviteur de Dieu :

« **Abdallah bel Hadj.** »

La lettre partit.

Oum-el-Aâz, silencieuse et sévère, parlait peu à
Saâdia. Elle passait son temps à composer des
breuvages et à deviner le sort par des moyens
étranges, se servant d'omoplates de moutons tués
à la fête du printemps, de marc de café, de petites

pierres et des entrailles des bêtes fraîchement
saignées.

— Abdallah pardonne, avait-elle dit à Hama
Srir, après avoir consulté ses petites pierres, mais il
ne durera plus longtemps... son heure est proche.

Saâdia était devenue songeuse. Un jour, elle dit
à son époux :

— Mène-moi dans le Souf. Je dois revoir mon
père avant qu'il meure.

— Attends sa réponse.

La réponse arriva. Hama Srir fit de nouveau
monter Saâdia sur la mule de la maison, et ils
prirent la route du nord-est, traversant le Chott
Mérouan desséché.

Au bordj de Stah-el-Hamraïa, la diffa fut servie
et l'on fit grande fête, et il ne fut parlé de rien
puisque l'heure des explications était passée.

Le cinquième jour, Hama Srir ramena sa femme
à Remirma...

Le mois suivant, en redjeb, une lettre de Stah-
el-Hamraïa annonçait à la vieille Oum-el-Aâz que
son beau-frère venait d'entrer dans la miséricorde
de Dieu.

— Tous les mois je descends à Remirma, pour
voir ma femme, me dit Hama Srir en terminant
son récit. Dieu ne nous a pas donné d'enfants.

Un instant, très pensif, il garda le silence, puis
il ajouta plus bas, avec un peu de crainte :

16

— Peut-être est-ce parce que nous avons commencé dans le *haram* (le péché, l'illicite). Oum el-Aâz le dit... Elle sait.

... Il était très tard déjà, et les constellations d'automne avaient décliné sur l'horizon. Un grand silence solennel régnait au désert. Nous nous étions roulés dans nos burnous, près du feu éteint, et nous rêvions — lui, le nomade dont l'âme ardente et vague était partagée entre la jouissance de sa passion triomphante et la crainte des sorts, la peur des ténèbres, et moi, la solitaire, que son idylle avait bercée. — Et je songeais au tout-puissant amour qui domine toutes les âmes, à travers le mystère des destinées !

Tout le grand charme poignant de la vie vient peut-être de la certitude absolue de la mort. Si les choses devaient durer, elles nous sembleraient indignes d'attachement.

Il y a de grandes nuances dans le ciel de la durée : le Passé est rose, le Présent gris, l'Avenir bleu. Au delà de ce bleu qui tremble, s'ouvre le gouffre sans limite et sans nom, le gouffre des transformations pour l'éternelle vie.

Oui, la notion utile d'un départ forcé et définitif suffit, en certaines âmes, pour donner aux choses de la vie un charme déchirant.

Les lieux où l'on a aimé et où l'on a souffert, où l'on a pensé et rêvé, surtout, les pays quittés sans espoir de jamais les revoir, nous apparaissent plus beaux par le souvenir qu'ils le furent en réalité.

Dans l'espace et dans le temps, le Regret est le grand charmeur qui pénètre toutes les ombres.

*
* *

Ainsi, en son âme élue, lors de ses lointains et successifs exils, il lui suffisait d'une parole aux consonnances arabes, d'une musique d'Orient, même d'une simple sonnerie de clairon derrière le mur d'une caserne quelconque, d'un parfum, pour évoquer, avec une netteté voluptueuse, si intense qu'elle touchait à la douleur, tout un monde de souvenirs de la terre d'Afrique, assoupis, point défunts, demeurés cachés en la silencieuse nécropole de son âme, telle une funèbre et inutile momie au fond d'un sarcophage qui, soudain, sous l'influence de quelque fluide inconnu, se soulèverait et sourirait comme la « Prêtresse de Carthage ».

Chaque heure de sa vie ne lui était chère que par cette angoisse grisante des anéantissements passés et imminents. En mettant, pour la première fois, le pied sur une terre étrangère, il escomptait déjà d'avance toutes les sensations, toutes les voluptés dont elle lui serait le théâtre, et surtout celle, attristée, du départ certain et de la nostalgie à venir.

C'est qu'il n'arrêtait pas le contour des choses et la forme des êtres au présent, au visible. Il aimait à les prolonger et à les colorer. Son imagination s'associait à son cœur...

Assis sur une barrique vide, parmi les choses chaotiques du grand quai de la Joliette, il contemplait la splendeur naissante du pâle soleil hivernal, et il se souvenait d'un matin d'automne, très lointain, antérieur aux grands anéantissements qui avaient fait de lui un nomade et un errant...

C'était à Annèba (Bône), sur cette côte barbaresque qu'il adorait — pour l'avoir tant de fois quittée — et qu'il n'osait plus espérer.

Il était sorti, très tôt, pour se rendre à la gare, et il longeait la mer, en cette campagne suburbaine si vaste et si mélancolique. Derrière le cap Rosa, le soleil se levait, inondant tout le beau golfe de lueurs sanglantes et dorées. Les grands eucalyptus, roussis par les vents d'automne, se balançaient doucement dans la fraîcheur matinale. Quelques frileux oiseaux s'éveillaient et chantaient, timidement.

Ce matin-là, il s'était souvenu, avec un intime frisson, des levers de soleil de son adolescence et de ses premières années d'enfant précocement sensible et rêveur — des années qu'il n'avait bien comprises qu'à distance.

Maintenant, sur le quai de Marseille, à l'ombre de la grande cathédrale qui ne jetait en lui aucune douceur d'espérance, l'aurore aussi n'était belle que d'un autre jour. Il se revoyait ailleurs :

Monté sur son cheval saharien, marchant au

pas, très loin devant ses guides, il gravissait une colline nue et pelée, dans l'immensité vide du désert africain. Derrière lui, les solitudes salées et inhospitalières de l'Oued-Rir' ; devant lui, les petites murailles en terre rougeâtre, enchevêtrées, les dattiers ombreux et légers d'El-Moggar, l'oasis où il devait passer la journée, après toute une nuit de marche. Vers sa gauche, au-dessus du lac desséché par la fournaise de l'été saharien, le soleil se levait.

Le chott s'étendait à perte de vue, route solide et sûre pendant l'été, que traversent sans cesse les longues « quafila » de chameaux, où galopent les rapides méhara des Chaamba — abîme de boue et de fange dès les premières pluies hivernales — route meurtrière pour l'imprudent qui s'y aventurerait.

« Le Grand Chott l'a bu », lui avait dit un guide Chaambi, en lui parlant de son frère. Et, avec un frisson d'angoisse, il se souvint de cette phrase dite dans une nuit funèbre de tempête et de détresse, au milieu même des solitudes maudites de ce grand chott Melghir, perfide et homicide.

Or, ce matin-là, le soleil paisible se levait au-dessus de la plaine morte, d'où la bénédiction de Dieu devait s'être retirée dès les origines lointaines, car aucun vestige de vie n'y apparaissait,

rien, sauf la mystérieuse végétation minérale des
cristaux.

Quelle paix radieuse et souriante !

Sur le fond gris rougeâtre du chott d'une plati-
tude absolue, seules des efflorescences laiteuses
de sel cristallisé se montraient, tristes poussées
qui répandaient d'âpres et nauséeuses senteurs
marines, effluves de fièvre et de mort.

Et le chott, ennemi de la vie, souriait pourtant
de toutes ces blancheurs comme aucune aurore
n'avait souri...

— Nostalgies ! nostalgies éparses dans Marseille, égarées comme de grands oiseaux qui vont
repartir, qui se posent seulement !

Une autre fois, par un soir triste, la pluie
battait furieusement les vitres de sa fenêtre, il
était resté seul jusqu'au soir, sans bouger de sa
chambre, à revoir une chose impressionnante qui
« reverrait ».

Autour de lui, l'immensité moutonnante des
grandes dunes de l'Ouady-Souf, les mêmes dos de
bêtes monstrueuses, d'un beige décoloré par trop
de lumière à l'infini, singulier océan figé en pleine
tempête, solidifié, et dont seule la surface, participant de la vie des vents, coule sans cesse dans
le silence des siècles monotones. Parfois, de
petites vallées. Là, sur le sable tout blanc, d'une

finesse presque impalpable, des arbustes rabougris, comme rampants, sèment une étrange glanure de rameaux morts, d'un noir d'ébène. Puis, de loin en loin, bornes milliaires de cette route mouvante du Souf, les « gmira » grises, petites pyramides de pierre bâties sur la crête des grandes dunes, pour indiquer la route à suivre.

Dans le ciel sans un nuage, d'une infinie transparence azurée, le soleil à son déclin s'abaissait vers l'horizon, et l'on voyait encore, dans l'immensité rosée des sables, poindre les maisons grises et les dattiers sombres de Kasr-Kouïnine.

... Soudain, d'un brusque effort, d'un galop haletant, son cheval atteignit le sommet de la grande dune qui sépare Kouïnine d'Eloued.

Devant ses yeux émerveillés, il vit passer alors un spectacle unique, inoubliable, une vision du vieil Orient fabuleux.

Au milieu d'une plaine immense, d'un blanc qui passait au mauve, une grande ville blanché se dressait parmi les végétations obscures des jardins. Et la ville immaculée, au sein de cette plaine achromatique, semblait immatérielle et translucide, dans l'immensité fluidique de la terre et du ciel. Sans un toit gris, sans une cheminée fumeuse, Eloued lui apparut pour la première fois, telle une ville enchantée des siècles envolés de l'Islam primitif, comme une perle laiteuse, enchâssée dans cet écrin de satin vaguement nacré qu'était le désert...

Aucunes paroles ne lui eussent suffi pour exprimer la splendeur enivrante de ce spectacle — enivrante parce qu'éphémère et d'une infinie mélancolie en son essence.

Doucement il approchait, longeant maintenant une vague étendue où une infinité de petites dalles grises, caduques et penchées dans le sable, attestaient le lieu de repos éternel des Croyants.

Et voilà que, dans l'immense silence de cette cité qui semblait morte et inhabitée, des voix descendirent, comme du haut des montagnes, pensives et solennelles, des voix qui, en ce même instant, sur ce même air de tristesse supra-terrestre, retentissaient des confins du Soudan noir aux immensités du Pacifique, à travers tant de continents et de mers, pour rappeler un immortel souvenir sacré à tant d'hommes de races si opposées, si dissemblables...

Mais une autre voix, plus lente et plus cadencée, monta d'une rue tortueuse et ensablée. Là-bas, visible, une longue théorie d'hommes en burnous blancs ou noirs, en rouges manteaux de spahis, sortit, très doucement, recueillie et triste, de l'enceinte. D'abord, des vieillards vénérables, de vieilles têtes enturbannées où jamais une seule pensée de doute ou de révolte contre la volonté divine n'avait germé...

Puis, porté sur les épaules robustes de six « souafa » bronzés, presque noirs, une chose allongée apparut, sur la civière voilée d'un drap blanc, immobilisée dans la rigidité froide de la mort. Puis, encore et encore, des formes blanches et noires.

Du groupe des vieillards, une psalmodie lente s'élevait, proclamant l'inéluctable Destinée, la vanité des biens éphémères de ce monde et l'excellence de la mort, qui est l'entrée triomphale de l'Éternité :

« Voici, Seigneur, ton serviteur, fils de tes serviteurs, qui a quitté en ce jour la face de ce monde, où il laisse ceux qui l'aimèrent, pour les ténèbres du tombeau... Et il attestait qu'il n'est pas d'autre Dieu que toi et que Mohammed est ton prophète... Or tu es le Dispensateur du pardon et le Miséricordieux... »

Dans la vallée funéraire, deux hommes creusaient une fosse profonde dans le sable desséché.

— Et, quand le corps fut déposé dans la terre, la face tournée vers la plage de la terre où est la sainte Mekka, et recouvert de palmes vertes, le sable blanc coula doucement, recouvrant pour l'éternité ce qui avait enfermé une âme musulmane, l'âme de quelque humble cultivateur soufi, homme de peu de savoir et de beaucoup de foi.

Puis, paisiblement, remportant le brancard vide, la blanche théorie reprit le chemin de la ville, dans l'attente absolument résignée en chacun de revenir, à l'heure fixée par le « mektoub », sur ce même brancard, accompagné par les mêmes gestes millénaires et les mêmes litanies d'inébranlable certitude.

Et ce passage d'un enterrement, dont aucune ombre lugubre n'entachait la douceur ineffable, avait fait descendre en son cœur étranger une paix profonde.

D'autres ombres, drapées de vêtements bleu sombre, s'avançaient vers un puits, dont l'armature primitive — un tronc de palmier attaché sur une traverse supportée par deux montants — faisait jouer une « oumara », grande corbeille en cuir équilibrée d'une pierre. C'étaient les femmes d'Eloued qui allaient à l'aiguade, portant, d'un geste antique, une amphore sur l'épaule droite.

Sur la muraille en terre battue d'une maison soufi, compliquée et chaotique, encombrée de petites terrasses, de petites voûtes, un jeune homme était venu s'asseoir et s'était mis à jouer d'une petite flûte en roseau aux trous enchantés.

Oh, alors, quel n'avait pas été pour lui le charme sans bornes de cette arrivée, sa douceur intensément mélancolique, inoubliable à jamais...

— Une rafale glacée vint secouer le châssis et

les vitres de sa fenêtre de Marseille. Il tressaillit,
comme sortant d'un rêve. La nuit froide et obscure
était descendue sur cette ville, où il se sentait plus
seul et plus étranger. Il alluma une lampe, voulut
travailler.

Ses regards tombèrent par hasard sur la qua-
trième page d'un journal, portant un horaire mari-
time. Alors, brusquement, il éprouva un désir
intense, presque douloureux, de repartir, d'aller
revivre son rêve d'un été de grande liberté jeune.
Mais, après un instant de réflexion, il se dégagea :

« A quoi bon ?.. Ce charme passé, je ne le
retrouverais pas... Il n'est point de plus irréali-
sable chimère que d'aller, en des lieux jadis
aimés, à la recherche des sensations mortes. Non !
au hasard de la vie mystérieuse, cherchons plutôt,
sur d'autres terres, d'autres joies, d'autres tris-
tesses et d'autres nostalgies. »

Le lendemain, il partait enfiévré, ardent de voir
et de sentir, pour une autre région de cette Afrique
qui l'attirait invinciblement et qui devait être son
tombeau prématuré !

Et le chercheur de voluptés nostalgiques n'est
jamais revenu...

RÉMINISCENCES

Avec les étoiles d'Eloued, vous tremblez encore dans mon cœur, regards attirants et humides des fanaux du grand navire qui m'emportait vers la terre africaine...

Pendant quelques semaines j'avais retrouvé la vie de Marseille. Bien souvent j'étais venue dans cette grande cité des départs. Toujours un destin contraire semblait m'y poursuivre et m'empêchait de la voir comme j'aime à voir les villes où je passe, en rêvant, lente et seule, le long des murs des quais et des places, vêtue de costumes d'emprunt, choisis selon les lieux ou les circonstances.
Sous un costume correct de jeune fille européenne, je n'aurais jamais rien vu, le monde eût été fermé pour moi, car la vie extérieure semble avoir été faite pour l'homme et non pour la femme. Cependant j'aime à me plonger dans le bain de la vie populaire, à sentir les ondes de la foule couler sur moi, à m'imprégner des fluides du peuple.

Ainsi seulement je possède une ville et j'en sais ce que le touriste ne comprendra jamais, malgré toutes les explications de ses guides.

Toujours j'avais dû courir, enfiévrée, à travers ces rues grouillantes, l'esprit ailleurs, occupé de choses ennuyeuses; puis, tout de suite, laissant derrière moi Marseille inconnue, presque chimérique, je m'embarquais pour d'autres ports, pour d'autres pays : j'allais chercher le silence et l'oubli dans les cités dormantes de la terre barbaresque, ou le rêve riant d'un visage dans les villes parfaites d'Italie, et du temps mort dans cette étrange Sardaigne...

Cette fois, par un hasard propice, je suis revenue libre, l'âme presque en paix, l'esprit presque désœuvré, et j'ai pu enfin pénétrer Marseille, en percevoir la sensation, la très spéciale excitation d'exotisme complexe, les parfums de bitume, d'eau marine et d'orange.

Au mois de juillet 1900 je repartais pour l'Algérie, Je me vois en mer, et cette impression d'espace s'ajoute à celle du désert, qui descend si voluptueuse en moi, par ces premiers soirs accablants de Sahara retrouvé : ainsi j'existe encore à distance dans celle que j'étais hier.

...Lentement le soleil d'été va disparaître là-bas, en pleine mer, dans les eaux tranquilles. Les

rochers blancs se sont faits roses, et la Vierge de
la Garde, sur sa colline aride, brille soudain d'un
éclat presque surnaturel.

Marseille, la cité des adieux, est incompara-
ble en ces soirs noyés d'une liqueur dorée. Dans
l'eau frémissante, des serpents de feu courent
fugitifs et glissants, un vent tiède caresse doucement les maisons, les navires et l'eau, tandis qu'à
l'horizon, dans l'imprécis flamboyant de la haute
mer, s'accomplit, comme un drame, le naufrage
du soleil.

Le cri rouillé des cabestans sur les ancres soulève mes lourds souvenirs ; les flancs du navire
ont frémi... C'est à mon tour, maintenant, de
m'accouder au bastingage et de rêver, en une
mélancolie résignée, à l'insondable mystère des
lendemains et des aboutissements, à ces choses
fuyantes qui environnent et régissent les destinées.
Comme certaines âmes s'attachent au sol natal
par l'exil, et d'un amour d'autant plus profond
que moindre est l'espoir du retour, je sens que je
commençais à aimer cette dernière ville d'Europe,
ses ports surtout — et ainsi sa chère silhouette
se grave d'un trait ému parmi mes visions d'errante et de solitaire.

...Mais voici qu'à l'horizon la mer s'assombrit.
Le soleil a disparu, et l'incendie du couchant
achève de s'éteindre en des ombres violettes. Des
moutons blafards apparaissent et courent sur la

crête sombre des lames creusées ; de longues
ondulations commencent à rouler à la. surface
encore calme de la mer : le temps sera mauvais...

Le navire est parti. Marseille a disparu à
l'horizon, avec ses rochers et ses îles blanches. —
Roule, vieux navire, emporte-moi !

J'ai retenu ce propos d'un marin, dit sur un
ton à la fois résigné et sentencieux : « La mer,
il n'y a dessus que les fous et les pauvres... »

Certes, ceux qu'il appelait les pauvres sont les
vrais marins, soumis au perpétuel danger et à la
plus dure des vies. Quant aux « fous », ce sont tous
les rêveurs et les inquiets, tous les amoureux de
la chimère, tous ceux qui, comme nous, « s'em-
barquent pour partir », les émigrants et les
espérants.

Au delà de toutes les mers, il est un continent;
au bout de chaque voyage, il est un port ou un
naufrage...

Insensiblement, doucement, l'espérance mène
au tombeau. Mais qu'importe ! demain le grand
soleil se lèvera encore, la mer vêtira ses couleurs
les plus chatoyantes, et les ports resplendiront
toujours !

SOUVENIRS D'ELOUED

Eloued : une ville toute arabe, bâtie sur le versant d'une haute dune de sable, avec des maisons
toutes de plâtre maçonné par les Souafa (habitants du Souf). La ville en prend un aspect oriental d'une blancheur idéale.

Les constructions françaises s'y distinguent
très nettement : le bureau arabe, la caserne, la
poste, l'école, la douane.

Il y a deux caïdats à Eloued : celui des Achèche
et celui des Messaaba.

Les constructions musulmanes importantes sont
la mahakma du cadi, les mosquées Azèzla, Ouled-
Khalifa, Messaaba-Gharby, Sidi Selem, Ouled-
Ahmed et la mosquée de la zaouïya de Sidi Abd-
el-Kader.

Les rues d'Eloued sont tortueuses et aucune
d'entre elles n'est pavée. Le marché est une grande
place avec deux bâtiments à voûtes et coupoles,
l'un pour les grains, l'autre pour la viande.

Sur le marché d'Eloued on voit des Souafa de toutes les tribus, des Chaamba, et même des Touareg et des Soudanais.

Le vendredi, se tient le marché d'Eloued, et, dès le jeudi soir, les routes environnantes s'emplissent de chameaux, d'ânes et de piétons.

Les principales routes sont : au nord, celle du Djerid tunisien par Behima et Debila ; au nord-ouest, celle de Biskra par Guémar ; à l'ouest, celle de Touggourth par Kouïnine et celle de Touggourth par Taïbeth-Guéblia, d'où part également la route d'Ouargla par le désert ; au sud, il y a la route de Berressof et de Ghadamès par Amiche, et, à l'est, celle de Tunisie par le village de Tréfaoui.

Eloued est environnée de nombreux villages, qui constituent le pays appelé Oued-Souf.

J'ai vécu des mois dans ce pays. J'y suis venue deux fois en plein été, j'y ai passé l'hiver et j'ai failli y mourir. Blessée d'un coup de sabre au village de Behima, j'y restai quelque temps, soignée à l'hôpital militaire... Je puis en parler.

Tout d'abord Eloued me fut une révélation de beauté visuelle et de mystère profond, la prise de possession de mon être errant et inquiet par un aspect de la terre que je n'avais pas soupçonné. Je n'y séjournai que peu de temps, mais j'y revins l'année suivante, à la même époque, invinciblement attirée par le souvenir.

Il est, je crois, des heures prédestinées, des instants très mystérieusement privilégiés, où certaines contrées, certains sites, nous révèlent leur
âme en une intuition subite, où nous en concevons
soudain la vision juste, unique, ineffaçable.

Ainsi, ma première vision d'Eloued me fut une
révélation complète, définitive, de ce pays âpre et
splendide qu'est le Souf, de sa beauté étrange et de
son immense tristesse aussi. — C'était en août 1899,
par une chaude soirée calme ..

FANTASIA

De tous les souvenirs étranges, de toutes le
impressions évocatrices que me laissa mon séjour
à Eloued — ville grise aux mille coupoles basses,
pays d'aspect archaïque, sans âge — le plus profond, le plus singulier est le spectacle unique
qu'il me fut donné de contempler par une claire
matinée d'hiver — de cet hiver magique de là-bas,
ensoleillé et limpide comme un printemps.

Depuis plusieurs jours déjà tout le pays était
en fête : le grand marabout vénéré, Sidi Mohammed Lachmi, allait revenir, rentrant de son
voyage au pays lointain — presque chimérique —
de France : occasion précieuse de revêtir des costumes brillants, de faire galoper dans le vent et
la fumée quelques chevaux fougueux, et surtout de
faire parler la poudre.

Avivant des transparences roses, infinies, glis-
santes, le jour se levait. — L'aube est l'heure

d'élection, l'heure charmante entre toutes, dans
le Sahara. L'air est alors léger et pur, une brise
fraîche murmure doucement dans le feuillage épais
et dur des palmiers, au fond des oasis. Aucune
parole ne saurait rendre l'enchantement unique
de ces instants, dans la grande paix des sables.
Qui n'a pas ouvert les yeux sur le désert ne sait
pas tout ce que peut contenir d'ineffable la beauté
terrestre d'un matin.

Nous étions venus, dès la veille, au bordj
d'Ourmès, à quatorze kilomètres d'Eloued, sur la
route de Touggourth, pour y rencontrer le pieux
personnage.

Après une nuit passée, avec un petit cercle
d'intimes, à écouter la parole enflammée, imagée
et puissante du marabout, je sortis dans la cour
où nos chevaux attendaient, énervés déjà par le
bruit inusité de la veille et par la foule qui, toute
la nuit, s'était grossie de nouveaux arrivants.

Assis ou couchés sur le sable, il y avait là plusieurs centaines d'hommes, drapés dans leurs
burnous de fête, majestueux et blancs... Têtes
énergiques, figures bronzées, encadrées super-
bement par le blanc neigeux des voiles retombant du turban, femmes drapées à l'antique de
sombres étoffes bleues ou rouges, ornées d'étranges bijoux d'or venus du Soudan lointain.

Autour des feux, en des attitudes graves, avec

l'accoutumance de gestes de la vie nomade, les fidèles préparaient l'humble café du matin.

Tous portaient au cou le long chapelet des khouans de Sidi Abd-el-Kader de Bagdad.

Excités par une jument noire, née sous le ciel brûlant de la lointaine In-Salah, les étalons piaffaient, frémissaient et hennissaient, courbant avec grâce leurs cous puissants sous la lourde crinière libre.

Dehors, se profilaient sur le ciel pourpre les silhouettes étranges de trois hauts « méhara », placides et indifférents, colosses d'un autre âge, dédaigneux de toute cette humanité menue qui s'agitait autour d'eux.

Enfin, sur un geste impérieux de l'un des mokaddem, la cour se vida et les portes se fermèrent : l'heure était venue de partir.

Le marabout, vêtu du sévère costume de soie verte, du turban vert et des longs voiles blancs qui siéent aux descendants du Prophète, se montra sur la porte. De taille géante, grave et lent, il s'arrêta un instant, et le regard indéfinissable et profond de ses larges yeux noirs glissa vers l'horizon oriental. L'enthousiasme des fidèles le laissait calme et impénétrable, sans émotion visible sur les traits réguliers de son visage.

Au milieu d'un tumulte — cris des serviteurs et hennissements des chevaux impatients — nous fûmes vite en selle. La porte s'ouvrit à deux battants, et d'un seul élan nous étions dehors.

Devant nous, quatre musiciens nègres, venus du pays tunisien des Nefzaoua, vêtus de soie aux couleurs violentes, déchiraient une mélodie étrange et sauvage sur leurs musettes stridentes, accompagnées du battement sourd d'un tambour énorme.

Soudain, de la foule, une voix monta, immense, marine :

— Salut à toi, fils du Prophète !

Frénétiquement, la clameur se répétait et les tambourins, agités à bras tendus au-dessus des têtes, battaient une cadence folle. Les chevaux épouvantés reculèrent d'abord, cabrés, écumants, puis s'élancèrent.

Toujours impassible, monté sur un étalon blanc du Djerid, les yeux baissés, en silence, le marabout semblait occupé seulement à contenir sa monture, sans une parole, sans un mouvement brusque sur la bête furieuse.

Enfin, une sorte de cortège se forma, ondulant et blanc, que dominait seule la haute stature du marabout vêtu de vert.

Lentement, nous avancions vers l'est, comme allant à la rencontre du soleil levant encore caché par les dunes énormes qui enserrent Eloued.

Après des sentiers tortueux et noyés d'ombre bleue, quand nous fûmes sur les hauteurs, la lueur dorée du jour magnifia notre cortège.

Les dunes silencieuses et stériles semblaient enfanter des foules. Des tribus entières dévaaient des collines, surgissaient des jardins...

Bientôt, devant nous, un grand cercle vide se forme et, avec un chant saccadé et sauvage, un vieux chant de guerre de jadis, douze jeunes hommes, vêtus des soies de Tunis aux éclatantes couleurs, s'élancent dans l'arène, armés de longs fusils incrustés et de tromblons. Simulant une attaque, avec des cris rauques, ils chargent sur nous et, tout près de nos chevaux qui reculent effrayés, ils déchargent leurs armes, tous à la fois, dans le sable fumant.

Alors, les chevaux se dressent, fous, gesticulant de leurs pieds de devant au-dessus de la foule... Les yeux exorbités, la bouche ruisselante d'écume, ils veulent reculer encore... Mais, poussés par les éperons aigus, ils s'emballent, se ruent dans la foule qui, serpentine et souple, s'entr'ouvre et leur livre passage.

Et ainsi, à chaque espace un peu plat, un peu vaste, la scène de bravoure recommence.

Nous aurions pu nous croire aux temps lointains, où la guerre enflammait les âmes, les dominait, était la joie et la splendeur. Tout ce qu'il y avait d'héroïque, de décoratif et de suranné dans ces âmes silencieuses de nomades se réveillait.

L'odeur âcre et grisante de la poudre brûlée nous suivait, affolant hommes et bêtes plus encore que la musique sauvage des cris.

Mais bientôt, à l'horizon, sur la crête d'une

haute dune, parut une procession blanche, qui
semblait auréolée d'or dans le rayonnement oriental. Précédée de trois bannières très vieilles, vertes,
jaunes et rouges, brodées d'inscriptions éteintes
et surmontées de boules de cuivre scintillantes,
avec les mêmes tambourins levés au-dessus des
têtes enturbannées, cette autre foule s'avançait,
énorme, compacte. Il n'y avait là ni cris, ni musiques aigres ; seul, le contre-temps très assourdi
des tambourins accompagnait un chant unique,
puissant, qui sortait de mille poitrines.

— Salut et paix à toi, ô Prophète de Dieu ! Salut
et paix à vous, ô Saints d'entre les créatures de
Dieu ! Salut à toi, Djilani, Émir des Saints, Maître
de Bagdad, dont le nom rayonne à l'Occident et à
l'Orient !

Près des bannières, sur une grande jument immaculée, s'avançait le frère du marabout, marabout
vénéré lui-même, Sidi Mohammed Elimam, énorme
et blond, d'un blond celtique ou germain. le visage
blanc éclairé par le regard doux et pensif de ses
grands yeux bleus — des yeux étranges sous les burnous et le turban blanc de la race d'Ismaël, brûlée à
travers les millénaires par les plus ardents soleils.

Les deux troupes se rejoignent, se fondent. Et
toujours, de toutes les dunes, des formes blanches
d'hommes, des taches bleues de femmes dévalent
innombrables.

Je me retourne : derrière nous, une mer hou-

leuse de turbans et de voiles roule, à perte de
vue, sur cette route où tant de fois je venais chercher le silence et la solitude. Et toujours, des
groupes gesticulants surgissent, qui font parler la
poudre dans la frénésie des cavalcades.

A présent, au-dessus de nos têtes, nous sem-
blons emporter avec nous, tel un voile grisâtre
et déchiqueté, un nuage de fumée.

Et le chant profond et doux, triste aussi, comme
tous ceux du désert, s'amplifie et monte, monte
vers l'azur pâle du ciel matinal.

Enfin nous entrons dans une plaine immense et
vide, semée de tombeaux.

Devant nous, les trois méhara, auxquels d'autres
sont venus se joindre, s'en vont, impassibles, sans
un frisson, sans une frayeur, à travers la foule.
Leurs cavaliers, la face à moitié voilée, restent
songeurs, eux aussi, juchés sur la selle touareg.
Les clochettes de fer des grandes bêtes héraldiques
tintent à chaque pas, et les têtes longues, lippues
et étranges, aux grands yeux doux, se balancent
lentement au bout des cous flexibles et tendus.

Mais, chevaux et cavaliers, nous avons senti
l'espace libre devant nous et, laissant les trois
marabouts et les vieillards marcher lentement à
l'ombre des bannières qu'agite le vent, nous partons, lâchant enfin les brides tendues à se rompre.
Et c'est un galop furieux au milieu de la foule

admirative, puis, dans la vaste plaine, des cercles
et des courbes décrits à toute vitesse : un vertige.

Toute la folie contenue, toute l'épouvante aussi
des chevaux se donnent enfin libre cours, et ils
fuient, ils fuient comme s'ils ne devaient plus s'arrêter jamais. L'ivresse de toutes ces âmes violentes
et sincères m'a gagné, et, lancée avec les autres
cavaliers, j'achève de m'étourdir dans la course.

La ville grise, débordante de fidèles, est dé-
passée ; à travers la plaine et les cimetières immenses, nous recommençons à fuir. On dirait
qu'une force surnaturelle anime nos chevaux :
sans se lasser, ruisselants de sueur, blancs d'écume, ils s'élancent toujours, irrésistiblement, vers
l'horizon vague.

La plaine n'est plus qu'un océan humain versi-
colore, la foule qui ne cesse point de grossir l'a
envahie, et les trois bannières flottent maintenant
au-dessus de milliers et de milliers de Croyants.

Et l'homme vers qui monte l'amour et la confiance de cette foule continue de marcher, lentement, silencieusement, impassible, isolé dans le
bruit et les acclamations.

Autour de la grande mosquée de la zaouïya surmontée d'une haute coupole, la plaine d'El-Beyada
s'étend, déserte et infinie, inondée de lumière
subtile.

Plus loin, derrière les maisons d'habitation, un camp nomade immense s'est dressé, une ville née en un jour, peuplant soudain de tentes noires les solitudes désolées d'El-Beyada, qui sont l'entrée de toutes les régions mystérieuses de l'intérieur : Ber-es-Sof, Ghadamès, le Soudan noir.

Là-bas continue le bruit sourd et cadencé des tambourins ; de là-bas montent des chants et les sons enchantés, modulés et doux, des petites flûtes bédouines, faites d'un roseau léger...

Ici, un grand silence lourd pèse sur la mosquée délabrée, sur les tombeaux et sur le sable fauve.

La nuit vint : elle s'était faite sans crépuscule, et presque aussitôt la clarté de la lune baigna le désert.

En contre-bas, dans une petite vallée stérile, semée de pierres grises aux formes singulières et de tombes abandonnées, sans inscriptions, anonymes, se dresse une muraille étrangement dentelée, qui se profile en noir sur tout l'infini bleu de la nuit... Dans cet enclos, sans un arbuste, sans une fleur, participant de la stérilité éternelle du sable, des petites pierres sont dressées, attestent des sépultures, et, dans ce champ, nous distinguons une autre tombe toute blanche, toute laiteuse, sur laquelle coulent les ondes glauques de la clarté lunaire.

... De la porte ogivale de la mosquée, une forme surgit, haute et sombre. Lentement elle glisse à

travers l'espace magiquement illuminé, puis descend vers la vallée funéraire, et voici que cette
apparition entre dans l'enclos, s'y arrête, immobile,
la tête penchée en une contemplation muette,
devant la petite tombe blanche.

Non loin de là, dans la grande cité éphémère,
sous les tentes noires, la masse des fidèles chante
la gloire de cet homme et celle de ses aïeux qui
semèrent les grains de la foi renouvelée à travers
le pays illimité d'Islam...

Mais le marabout s'est écarté de la foule. Il est
venu, poussé par les forces de son cœur, dans la
nuit ét sur cette tombe, sur celte tombe qui est
celle de son premier né, de son fils disparu dans
l'abîme du Mystère, alors que ses yeux commençaient à s'ouvrir joyeux et avides sur l'horizon de
son pays...

Et l'homme qu'un peuple acclame, et qu'il sui-
vrait jusqu'à la mort, rêve seul, en silence, sur un
tombeau d'enfant...

ENVELOPPEMENT

Eloued, 18 janvier 1901.

Malade depuis quelque temps, souffrant de douleurs intolérables dans tous les membres et d'une inappétence absolue, je me demande parfois si je dois rester ici. Cette idée ne m'effraye pas... Je ne désire, en tous cas, aucun changement d'existence.

Je me suis attachée à ce pays — cependant l'un des plus désolés et des plus violents qui soient. Si je dois jamais quitter la ville grise aux innombrables petites voûtes et coupoles, perdue dans l'immensité grise des dunes stériles, j'emporterai partout l'intense nostalgie du coin de terre perdu où j'ai tant pensé et tant souffert, et où, aussi, j'ai rencontré, enfin, l'affection simple, naïve et profonde, qui, seule, éclaire en ce moment ma triste vie d'une lueur de soleil.

Il y a trop longtemps que je suis ici, et le pays est trop prenant, trop simple, en ses lignes d'une

menaçante monotonie, pour que ce sentiment
d'attachement soit une illusion passagère et d'esthétique. Non, certes, jamais, aucun autre site de
la terre ne m'a ensorcelée, charmée autant que les
solitudes mouvantes du grand océan desséché qui.
des plaines pierreuses de Guémar et des bas-fonds
maudits du Chott Mel'riri, mène aux déserts sans
eau de Sinaoun et de Ghadamès.

Souvent, au coucher du soleil, accoudée au parapet en ruine de ma terrasse fruste, attendant
l'heure où le mueddine voisin annonce que le
soleil a disparu à l'horizon et que le jeûne est
rompu, en contemplant les dunes fauves, sanglantes ou violettes, ou livides sous le ciel bas et
noir de l'hiver de plus en plus glacial, je sens une
grande tristesse m'envahir, une sorte d'angoisse
sombre : on dirait qu'à cette heure plus que
jamais, par un réveil soudain de mon esprit, je
sens l'isolement profond de cette ville inscrite
dans l'infranchissable — me semble-t-il — derrière
les dunes, à six jours du chemin de fer et de la vie
d'Europe... Et il me semble alors que, sous la
grande nuit violette, les énormes dunes, en bêtes
monstrueuses, se rapprochent et s'élèvent, qu'elles
enserrent de plus près la ville et ma demeure, la
dernière du quartier des Ouled-Ahmed, pour nous
garder plus jalousement, et à jamais.

Par moments je me mets à mâchonner du Loti :
« Il aimait son Sénégal, le malheureux ! »

Oui, j'aime mon Sahara, et d'un amour obscur, mystérieux, profond, inexplicable, mais bien réel et indestructible.

Maintenant il me semble même que je ne pourrai plus vivre loin de ces pays du Sud.

Il me faudrait pourtant la force d'en partir, de m'arracher à cet enveloppement... Mais où trouver cette force de réaction contraire à ma nature?

A L'HOPITAL MILITAIRE

Ballottée depuis près de trois heures sur un brancard, par les dunes, sous un ciel gris d'hiver, je vois enfin passer, au-dessus de ma tête, d'abord la voûte élevée de la porte du quartier, j'aperçois la sentinelle, impassible figure bronzée, sa baïonnette aiguë en éclair, les figures curieuses des hommes de garde, puis une autre voûte plus basse, à droite — et une odeur d'acide phénique me prend à la gorge.

Je souffre : c'est la torture physique, bête et lugubre, où toute l'animalité se révolte et pleure ; c'est la peur de la boucherie chirurgicale, tandis que je suis couchée, accablée et grelottante, sur la table d'opération dans la petite salle claire.

Je revois cette salle : la porte de bois gris, surmontée d'une fenêtre ouverte ; à gauche, une tablette avec quelques livres et l'indispensable almanach du Drapeau. Le long du mur, des cas-

seroles fumantes contenant des tampons et des
bandes, le tableau des températures, le thermomè-
tre ; puis la table chargée de bocaux et de grandes
cuvettes émaillées, où trempent des instruments
barbares, pinces, bistouris, curettes, ciseaux,
aiguilles, tout un atelier de la souffrance... et la
flammèche bleuâtre de la lampe à alcool, tel un feu
follet ironiquement vacillant. — Au fond, une fenêtre
haute donnait sur la galerie voûtée et sur l'Inten-
dance, qui semblait lointaine dans la perspective
fausse de cette cour aux proportions indéfinissables. Et voici, au milieu, la table où je suis couchée sur un matelas avec, sous mon côté gauche,
une toile cirée noire aboutissant au seau d'eau san-
guinolente. Devant moi, l'armoire aux drogues,
sorte de commode en bois gris. Les murs se
confondent avec la voûte, ce qui donne à la pièce
un air pesant de cachot ou de sous-sol. Ils
sont peints d'un ton farine, avec soubassement noir
à flammèches rouges. Le sol est dallé en gris.

Là, autour de moi, se meuvent le docteur en
paletot de toile grise, avec sa bonne figure jeune
et son lorgnon de myope, le caporal Rivière, son
képi en arrière, avec sa barbe double de Jésus
rubicond, le petit caporal Guillaumin, gosse
imberbe : tous en manches de chemises, manches
retroussées sur des bras nets et blancs, avec de
grands tabliers à bavettes. Enfin, en tenue de
toile blanche, ceinture rouge et chéchiya plate, le

tirailleur Ramdane, jeune montagnard, à la figure
calme et franche, riant rarement, très susceptible,
se piquant facilement aux plaisanteries taquines
du « toubib » sur la religion.

La tête vague, les membres brisés, on me remet
sur le brancard pour me transporter dans la
chambre voisine, et là, on me couche dans un lit
haut et étroit, où je ne trouve point de place pour
mon corps moulu et pour mon bras horriblement
douloureux.

La chaleur torride d'été n'est point là pour parfaire l'illusion de l'agonie, mais « l'odeur de mort »
y est, et les ténèbres funestes des nuits de fièvre
viennent engendrer les visions troubles, les ter-
reurs sans objets, les angoisses indéfinissables,
les désespoirs aigus, dicter les appels fous à la
mort délivrante.

Pensées d'isolement, d'abandon et de morne
tristesse, surtout depuis le 9 février...

La chambre longue étroite et voûtée, peinte en
jaune, soubassement gris, avec ligne rouge brun
de séparation, dallage gris, était en face de la
buanderie. Sur l'enseigne de la porte pesante on
lisait : « Salle des Isolés ».

Deux lits séparés par la table de nuit à tabouret.
Les dossiers des lits sont surmontés d'une plan-
chette portant un pot à tisane, un verre en étain

et un crachoir blanc. Sur la table de nuit, un petit
chandelier, le tabac, le kif, les éternels verres de
café pas bus et s'accumulant. En face de mon lit,
clouée au mur par quatre triangles de papiers à pu-
naises, une feuille blanche, avec, pour titre, en
belle ronde : « Annexe d'El-Oued. — Hôpital
militaire. — Règlement du service de santé. »

Cette feuille, œuvre de quelque sergent d'antan
ou de notre Gauguain lui-même, se terminait par
cette rubrique : « Punitions disciplinaires infligées
aux malades civils. »

A gauche de la fenêtre voilée d'une couverture
de troupe brune, la veilleuse à huile, dont la pâle
lueur rosâtre éclaire mes nuits affreuses. Au-
dessous, la « valise de la classe » en cuivre
poli...

Tantôt gai, tantôt énervé et acerbe, observateur et penseur, chercheur d'âme, étonné de
moi, fraternel, admiratif et agressif souvent — surtout quand il parlait de la question religieuse —
le docteur Taste devint très vite mon ami, confiant
et camarade, me contant son âme comme on vide
son sac.

Je garde de cet hospice, de cette maison de
la douleur, perdue dans l'oasis lointaine, un bon
et attendri souvenir. Je l'aimais et souvent depuis,
surtout aux jours noirs de Batna, je l'ai regrettée
« Mouroir » militaire, comme ils disent là-bas

vestibule du cimetière, fabrique à macchabés...
souvent, soit ! Mais aussi, parfois, refuge béni pour
l'abandonné, l'exilé, l'infortuné, le pauvre et le
soldat sans foyer, sans famille — et cela plus sou
vent, je crois...

PRINTEMPS AU DÉSERT

Du printemps, au Souf, je n'ai pas vu grand chose, captive dans le quartier gris où tout est de sable et de pierre, et où rien ne reverdira jamais...

L'air cependant, avant les terribles tourmentes de sable des derniers jours, était devenu plus tiède et plus doux, et une grande langueur s'était répandue sur tout le pays, aux chaudes après-midi de soleil, lors de mes promenades avec le toubib ou avec Ahmed le tirailleur. J'ai aussi vu les jardins d'Elakbab, beaux d'une beauté unique, d'une splendeur que je n'avais encore jamais vue jusque-là, le soir où avec le toubib j'avais d'abord pris le thé chez Sidi Lachmi et où, ensuite, nous avions poussé une pointe jusqu'à Elakbab, sachant pourtant que l'énorme cheikh roux, le colosse aux yeux bleus, était dans le Djerid.

Alors nous étions revenus par les sentiers des jardins de l'est, retombant à El-Beyada, près des dunes

Mais là où je vis l'étrange printemps saharien en toute sa mélancolie douce, ce fut en route dans les solitudes qui séparent Eloued de Biskra.

Sur cette route, après la petite ville fanatique et sombre de Guémar, citadelle des khouans Tidjanya, pas un hameau, pas un douar, pas une tente nomade, rien que les bordjs solitaires, aux noms étranges : Bir-bou-Chahma, Sif-el-Ménédi, Stah-el-Hamraïa, El-Mguébra (le cimetière) et les « gmira » de pierre, petites pyramides à échelons, phares gris, disséminés dans l'immensité grise.

D'abord, jusqu'à Sif-el-Ménédi, la plaine onduleuse, coupée de dunes, semée d'innombrables buissons d'un vert sombre, à rameaux rouges, tordus, contournés, comme crispés en une éternelle douleur... des jujubiers épineux, des touffes de drin vert pâle et or, des « chih » argentés qui répandent leurs senteurs résineuses par les matins enchantés et roses...

A Sif-el-Ménédi, un peu en contre-bas du bordj, un luxuriant jardin, enclos de toub, comme ceux de l'Oued-Rir'.

Voûtes argentées des dattiers, enchevêtrement encore sans feuilles des figuiers, des grenadiers et des vignes couvertes de bourgeons pâles, pieds de « nana », de basilics et de menthes odorantes: la richesse des plantes... Plus bas, des poivrons, des herbes menues penchées sur le murmure doux de la séguia magnésienne. La nuit, de tous ces ruisseaux limpides, s'élève la voix multiple, douce et mélancolique d'innombrables crapauds minuscules.

C'est là qu'après de longs mois je revis, pour la première fois, de la terre et de l'herbe fine et sauvage, choses également inconnues dans le Souf.

Plus loin, la route descend dans des bas-fonds argileux, colorés, coupés de sebkha encore sèches, d'un brun obscur, et tourne quelques mamelons en forme de pitons, d'une alumine bleuâtre.

Nous entrons ensuite dans la région des grands chotts, l'une des plus étranges de la terre.

Nous suivons d'abord une piste un peu pierreuse et solide, entre les fonds perfides, cachant sous une croûte, sèche en apparence, des abîmes insondés de boue.

A droite et à gauche, on aperçoit deux mers d'un bleu presque blanc laiteux, vers l'inappréciable horizon, sous le ciel pâle avec lequel elles semblent se confondre. Et ce sont aussi, dans l'immobile cristal des eaux salées, d'innombrables archipels d'argiles et de pierres multicolores, aux saillies perpendiculaires et stratifiées.

Pas un être animé, pas un arbre, pas un buisson, rien. Nous remarquons deux petites pyramides de pierres sèches. Là, jadis, deux tribus vinrent vider, les armes à la main, une querelle ancienne. La poudre parla, il y eut des morts..

Quelque pieuse main musulmane aura dressé là ces pierres, pour servir de monument aux défunts. Près de trente années ont passé sur cet épisode obscur de la vie nomade, et les pyramides minuscules sont toujours là, perpétuant la mémoire de ces morts, dont personne ne sait plus les noms.

Là commence le vrai Bou-Djeloud, dédale de canaux profonds, d'îlots, de fondrières, de boues de sel et de salpêtre... région lépreuse où toutes les chimies secrètes de la terre s'étalent au grand soleil.

Vers la gauche, à l'ouest, c'est l'horizon vaporeux, imprécis, du chott Merouan inondé, qui s'étend là-bas, vers les oasis basses de l'Oued-Rir'. Vers l'est, c'est le grand Melriri, qui s'en va rejoindre les sebkha et les chotts du Djerid tunisien.

Une grande tristesse inconnue règne sur cette région singulière, « d'où la bénédiction de Dieu s'est retirée », vestige peut-être d'une Mer Morte oubliée, où règnent maintenant le sel amer, la glaise stérile, le salpêtre et l'iode...

Tristes lacs éphémères sans poissons, sans oiseaux et sans bateaux, tristes îles sans végétation, désert absolu, plus lugubre que les plus desséchées des dunes !

Là-bas, la vie peut être engendrée par l'homme, le sol est fertile. Ici, la mort est irrémédiable et, sauf l'inondation hivernale, rien ne vient y marquer la succession des jours.

Et, cependant, ils ont leur splendeur et leur magie, les vallons de sel gemme, les lacs transparents où se jouent les mirages, où se mirent les cités chimériques, les bois de palmiers et les mosquées de rêve, où viennent s'abreuver les troupeaux innombrables qui ne sont que de blanches vapeurs surchauffées par le soleil ! Pays d'illusions, de reflets, de visions et de fantômes, pays d'irréel et de mystère, souvenirs encore intacts des origines océaniques de la planète, ou plaies de lente désagrégation, lèpres, gangrènes prématurées éclatant déjà à la face de la terre... Qui sait?

Stah-el-Hamraïa, le plus charmant des bordjs, perché sur le sommet d'une colline aride, dominant l'immensité des chotts, semble une sentinelle gardant les solitudes.

Au pied de la colline, un petit jardin sans clôture, inondé, quelques palmiers solitaires, quelques figuiers chétifs et dénudés, et des arbres à feuilles caduques qui doivent être des trembles ou une espèce malingre d'eucalyptus... Sur le sol, dans l'eau, de hautes herbes dures et sombres, telles des chevelures noyées...

Puis, la route, après avoir traversé la zone argileuse et rougeâtre, semée de cailloux aigus, s'engage dans une sorte de maquis. Là, tout revit et reverdit.

Les grands buissons sahariens au feuillage d'ai-

guilles sombres se sont dépouillés des poussières
hivernales et semblent vêtus de velours. Les jujubiers, ratatinés, comme ramassés sur eux-
mêmes, d'aspect méchant, se couvrent de folioles
rondes d'un vert tendre, presque doré ; les genêts
s'étoilent de petits sabots candides et parfumés ;
des herbes se dressent gonflées de sève ; les
touffes de « drinn », faisceaux rigides et brillants,
montent, en panache ; çà et là, une asphodèle
érige sa haute hampe et ses petites clochettes
pâles ; voici l'iris violet et les fleurs qui se
cachent dans l'ombre amie des buissons...

De toute cette verdure, de toutes ces richesses
écloses d'hier, étalées pour quelques jours sous le
ciel qui sera de plomb bientôt, qui cessera de sourire pour des mois et des mois, un parfum s'éva-
pore, composite et grisant.

Dans le désert en fête chante une infinité d'oiseaux. Les alouettes montent vers le jour naissant, lancent en battant des ailes leur appel tendre,
puis retombent dans les buissons comme pâmées.

Et sur toute cette joie éphémère plane aussi la
tristesse mystérieuse de l'espace.

A la débandade, la caravane avance.

Les chameaux broutent. Les hallassa, hommes
de corvée, grands Souafa bronzés de la tribu
des Ouled-Ahmed-Achèche, chantent, comme en
rêve, d'interminables complaintes tristes. Perdus

dans cette fête de la terre fécondée, ils regrettent leurs dunes stériles et leur ville grise, aux mille coupoles basses. Les deux méhara géants des deïra Lakhdar et Nasser déambulent gravement, avec leur selle targui, leurs longs glands de laine, en faisant tinter à chaque pas leurs clochettes. Le petit tirailleur Rezki, « qui a fini son temps » et qui s'en retourne vers les montagnes natales du Djurdjura, chante pour lui tout seul des cantilènes gracieuses, que personne de nous ne comprend.

Le matin, à l'aube, nous quittons le bordj de Chegga, bâti au milieu d'un marais, et dont le salpêtre et l'iode désagrègent lentement les vieilles murailles.

Ce n'est plus l'Oued-Souf immaculé, la terre âpre et splendide des sables. C'est bien l'Oued-Rir' salé, les terres hostiles et mortelles, l'Oued-Rir', avec sa beauté à part et ses enchantements spéciaux, tenant du sortilège.

Là-bas, à l'horizon, nous apercevons déjà depuis hier, depuis le bordj d'El-Mguébra, les dentelures géantes de l'Aurès bleuissant et, plus bas, dans la plaine, les lignes déliées et noires des oasis dernières : Biskra-Laouta, Beni-Mora, Sidi-Okba.

Ils sont désolés, stériles et gris, ces environs sans charme de Biskra, où s'indique déjà une route véritable, au lieu de l'imprévu charmant des pistes sahariennes. Ce n'est pas plus le désert que

Biskra n'est aujourd'hui la reine des oasis. Biskra, reine déchue, souillée, oasis d'étalage, aménagée pour distraire les oisifs, et qui perdit son âme, l'âme profonde, l'âme mystique et pure du Sahara.

... C'est le soir, le dernier, hélas ! Nous arrivons seuls, sous les ombrages poudreux du Vieux-Biskra — et c'est fini.

Finies les chevauchées longues dans le décor des sables prestigieux, finies les rêveries goûtées dans l'ombre des zaouïya saintes, finis aussi les réveils joyeux au désert ! Nous tournons une dernière fois la tête de nos chevaux vers le Sud, et, en silence, nous regardons, avec des yeux d'exilés, le Sahara obscur, au-dessous duquel descend le grand disque sanglant du soleil.

Quand te reverrons-nous, pays ensorcelant, pays unique, pays du silence et de la paix, loin du siècle bruyant, pays du rêve et du mirage que les agitations d'Europe n'émeuvent point ?

... Le soleil achevait de s'éteindre au loin. Un instant, avec son horizon élevé et net, avec ses ondulations d'un bleu d'abîme, le désert fut semblable à une haute mer houleuse par un crépuscule clair. — Et, depuis ce dernier soir de printemps, je n'ai plus revu le Sahara de l'Est, blond de tous les crins du soleil.

HEURES DE TUNIS

HEURES DE TUNIS

Pendant deux mois de l'été 1899, j'ai poursuivi mon rêve de vieil Orient resplendissant et morne, dans les antiques quartiers blancs de Tunis, pleins d'ombre et de silence.

J'habitais, seule, avec Khadidja, ma vieille servante mauresque, et mon chien noir, une très vaste et très ancienne maison turque, dans l'un des coins les plus retirés de Bab-Menara, presque au sommet de la colline.

C'était un labyrinthe que cette maison, mystérieusement agencée, compliquée de couloirs et de pièces situées à différents niveaux, ornées des faïences multicolores de jadis, de délicates sculptures de plâtre fouillé en dentelle et courant sous les coniques plafonds de bois peint et doré.

Là, dans la pénombre fraîche, dans le silence que seul le chant mélancolique des mueddines venait troubler, les jours s'écoulaient, délicieu-

sement alangui et d'une monotonie douce, sans
ennui.

Pendant les heures étouffantes de la sieste,
dans ma vaste chambre aux faïences vertes et
roses, Khadidja, accroupie dans un coin, faisait
glisser, un à un, les grains noirs de son chapelet,
avec un remuement rapide de ses lèvres décolo-
rées. Étendu à terre dans une pose léonine, son
museau effilé posé sur ses pattes puissantes, Dédale suivait attentivement le vol lent des rares
mouches. Et moi, étendue sur mon lit bas, je me
laissais aller à la volupté de rêver, indéfiniment.

Ce fut une période de repos, comme une halte
bienfaisante entre deux périodes aventureuses et
presque angoissées. Aussi les impressions que
me laissa ma vie de là-bas sont-elles douces,
mélancoliques et un peu vagues.

#

Derrière ma demeure, séparée de la rue par
des maisons arabes habitées et farouchement
closes, il y avait un vieux petit quartier caduc,
sans issue, tout en ruines. Pans de murs, voûtes,
petites cours, chambres sombres, terrasses encore debout, le tout envahi de vignes vierges, de
lierres et d'un peuple pariétaire de fleurs et
d'herbes dévorantes : une cité étrange, inhabitée

depuis des années. Personne ne semblait s'inquiéter de ces maisons, dont les habitants devaient tous être morts ou partis sans retour...

Cependant, dans le silence mystique des nuits de lune, la plus voisine d'entre ces demeures ruinées s'animait d'une manière étrange.

De l'une de mes fenêtres à grillage ouvragé, je pouvais plonger mes regards dans la petite cour intérieure. Les murailles et deux pièces de cette maison sans étage étaient restées debout. Au milieu, une fontaine à vasque de pierre toute ébréchée, mais toujours pleine d'une eau claire venant je ne sais d'où, disparaissait presque sous la végétation exubérante qui avait poussé là.

C'étaient des buissons énormes de jasmins tout étoilés de fleurs blanches, entremêlés des ramures flexibles des vignes. Des rosiers semaient le dallage blanc de pétales pourpres. Dans la tiédeur des nuits, une odeur chaude montait de ce coin d'ombre et d'oubli.

Et tous les mois, quand la lune venait éclairer le sommeil des ruines, je pouvais assister, à demi cachée derrière un rideau léger, à un spectacle qui bientôt me devint familier, que j'attendis dans la langueur des journées, mais qui, pourtant, m'est demeuré une énigme. — Peut-être d'ailleurs tout le charme de ce souvenir réside-t-il pour moi en ce côté de mystère. — Sans que j'aie jamais su d'où il venait et par où il entrait dans la petite cour, un jeune Maure, vêtu de soieries aux délicates couleurs éteintes, drapé d'un léger burnous neigeux qui lui donnait des airs d'apparition, venait s'asseoir là, sur une pierre.

Il était parfaitement beau, avec le teint mat et blanc des citadins arabes, avec aussi leur distinction un peu nonchalante ; mais son visage était empreint d'une tristesse profonde.

Il s'asseyait là, toujours à la même place, et, le regard perdu dans l'infini bleu de la nuit, il chantait, sur des airs d'autrefois éclos sous le ciel d'Andalousie, des cantilènes suaves. Lentement, doucement, sa voix montait dans le silence, comme une plainte ou une incantation...

Il semblait surtout préférer ce chant, le plus doux et le plus triste de tous :

« Le chagrin vivace étreint mon âme, comme la nuit étreint mon cœur, et le remplit d'angoisse, comme le tombeau étreint les corps et les anéantit. A ma tristesse, il n'est pas de remède, sauf la mort sans retour... Mais si, plus tard, mon âme se réveille pour une autre vie, fût-ce celle d'Eden, ma tristesse renaîtra en elle. »

Quelle était donc cette tristesse incurable, dont l'inconnu chantait la puissance ? — Le chanteur singulier ne le dit jamais.

Mais sa voix était pure et modulée, et jamais aucune autre re m'avait livré aussi pleinement le charme secret et indéfinissable de cette musique arabe de jadis, qui enchanta, avant la mienne, bien d'autres âmes tristes.

Parfois, le jeune Maure apportait là la petite flûte murmurante des bergers et des chameliers bédouins, le roseau léger qui semble garder en ses mélodies quelque chose du murmure cristallin des ruisseaux où il germa.

Longtemps, au silence des heures tardives, où tout dort de la Tunis musulmane, dans la griserie des parfums, l'inconnu distillait ainsi des mélancolies et des soupirs. Puis il s'en allait comme il était venu, sans bruit, avec toujours ses allures de fantôme, rentrant dans l'ombre des deux petites pièces qui devaient communiquer avec les autres ruines...

Khadidja, ancienne esclave, avait vécu, quarante années durant, dans les plus illustres familles de Tunis et avait bercé sur ses genoux plusieurs générations de jeunes hommes. Un soir je l'appelai et lui montrai le musicien nocturne. La vieille superstitieuse hocha la tête :

— Je ne le connais pas... Et pourtant, ceux des grandes familles de la ville, je les connais tous.

Puis, plus bas, tremblante, elle ajouta : .

— Dieu sait, d'ailleurs, si c'est bien un vivant. Peut-être n'est-ce que l'ombre d'un des habitants de jadis, et cette musique, un rêve, un sortilège ?

Connaissant le caractère de cette race, pour

qui toute interrogation sur sa vie privée, sur ses allées et venues est une insulte, je n'osai jamais interpeller l'inconnu, de peur de le faire fuir à jamais son refuge.

Pourtant, un soir, je l'attendis longtemps en vain. Il ne revint jamais. Mais le son de sa voix et le susurrement doux de sa flûte me reprennent encore souvent, aux heures lunaires. Et j'éprouve parfois une sorte d'angoisse indéfinissable à penser que jamais je ne saurai qui il était et pourquoi il venait là.

.·.

Tout en haut, près de la Casbah banalisée et des casernes, il est un endroit charmant, empreint d'une tristesse particulière et très orientale. C'est Bab-el-Gorjani.

D'abord, sur un terrain un peu élevé au-dessus de la rue, dont il n'est séparé que par une vieille muraille grise, un cimetière antique, où l'on n'enterre plus et où les tombes disparaissent sous le fouillis des herbes sèches, des rosiers, dans l'ombre centenaire des figuiers et des cyprès noirs.

En Tunisie, l'accès des mosquées et des cimetières coraniques n'est licite qu'aux musulmans.

Comme les sépultures y sont très anciennes

et qu'il n'y passe point de curieux, personne ne
vient troubler les morts oubliés de Bab-el-Gorjani,
où seuls l'appel des mueddines et celui des
clairons des zouaves parviennent de tous 'es
bruits de Tunis, qui s'étale en pente douce jusqu'au miroir immobile de son lac.

J'ai toujours aimé à errer, sous le costume égalitaire des bédouins, dans les cimetières musulmans, où tout est paisible et résigné, où rien de ce
qui rend ceux d'Europe lugubres ne vient déparer
la mort. Et tous les soirs, je m'en allais seule et à
pied vers Bab-el-Gorjani.

A l'heure élue du magh'reb, quand le soleil va
disparaître à l'horizon, les tombes grises revêtent
les plus splendides couleurs, et les rayons obliques du jour finissant glissent, en traînées roses,
sur ce coin d'indifférence auguste et d'oubli définitif.

Plus loin, on passe sous la porte qui donne son
nom à ce quartier, et on se trouve sur une route
pulvérulente, qui, vers l'ouest, descend dans
l'étroite vallée du Bardo et, vers l'est, va aboutir
au grand cimetière maraboutique de Sidi Bel-
Hassène, d'où la vue s'étend sur le lac El Bahira.

Cette route monte au sommet de la colline basse
de Tunis, abrupte et déserte sur ce versant. Je
l'ai suivie bien des fois.

Le soleil est très bas. Le Djebel Zaghouan s'irise de teintes pâles et semble se fondre dans l'incendie illimité du ciel.

Le disque énorme et sans rayons descend lentement, entouré de légères vapeurs d'un violet pourpre.

Tout en bas, dans la vaste plaine, le chott Seldjoumi s'étend, desséché par l'été, et sa surface unie, d'un ton lilacé, où seules quelques efflorescences salines jettent des taches blanches, prend, dans cet éclairage merveilleux, des aspects trompeurs de mer vivante, d'une profondeur d'abîme.

Au pied de la colline, sur les bords du chott, on a planté des eucalyptus odorants, pour combattre les miasmes des eaux stagnantes et salpêtrées. Et cette multiple rangée d'arbres, au très pâle feuillage bleuâtre, est une couronne d'argent sertissant la plaine maudite, où rien ne pousse, où rien ne vit.

Je retrouvai là certaines impressions anciennes, éprouvées dans la région des grands chotts sahariens, pays de visions.

Les dernières lueurs du jour jettent de longues traînées sanglantes sur le chott désert, sur les eucalyptus tout à fait bleus maintenant, sur les rochers rougeâtres et sur la muraille grise. Puis,

brusquement, tout s'éteint, comme si les portes
de l'horizon s'étaient refermées, et tout s'abîme
dans une brume bleuâtre qui remonte en rampant
vers la muraille et vers la ville.

On l'a dit et redit, toute la beauté si changeante
de cette terre d'Afrique réside uniquement dans
les jeux prodigieux de la lumière sur des sites
monotones et des horizons vides.

Ce furent sans doute ces jeux, ces levers de
soleil irisés, délicieux, et ces soirs de pourpre
et d'or qui inspirèrent aux conteurs et aux poètes
arabes de jadis leurs histoires et leurs chants.

*
* *

Sous la porte de Bab-el-Gorjani, tous les jours,
un vieillard aveugle vient s'asseoir, vêtu de loques
grises. Dans la nuit éternelle de sa cécité il répète
indéfiniment sa litanie de misère, implorant les
rares croyants qui passent par là, au nom de Sidi
Bel-Hassène-Chadli, le grand marabout tunisien.

Souvent, en face des vieux mendiants de l'Islam,
aveugles et caducs, je me suis arrêtée, me demandant s'il y avait encore des âmes et des pensées
derrière ces masques émaciés, derrière le miroir
terne de ces yeux éteints... Étrange existence
d'indifférence et de morne silence, si loin des
hommes qui, pourtant, vivent et se meuvent alentour !

Là errent aussi parfois, à la tombée de la nuit,
des créatures en loques, sordides et innomables,
juives du Hara ou siciliennes de la « Sicilia serira »
(petite Sicile), quartiers dangereux et mal famés
avoisinant le port.

Ce qui les attire là, ce sont les casernes. Men-
diantes et à l'occasion prostituées, elles s'avancent, à l'heure de la soupe, le long des murs, et,
dans les encoignures noires, elles attendent la
sortie des soldats...

Bab-el-Gorjani reste pourtant l'un des coins
les plus déserts et les plus délicieusement paisibles
de Tunis

∴

Une nuit de tristesse plus intense, d'angoisse
vague et sans cause appréciable, après avoir erré
dans le silence des rues arabes où la vie finit
après le Magh'reb, j'étais venue échouer dans un
vieux petit quartier tout en ruines, resté debout
de par la grande insouciance islamique, au milieu
des rues et des marchés, à la porte du Souk-el-
Hadjemine où, tous les jours, une foule s'agite
et vit.

Là, dominant un monceau de ruines, il est un
petit minaret carré, trapu : c'est la mosquée
d'El-Morkad.

Il n'y avait personne dans les ruelles et sous les

toits en planches légères des souks. Lasse d'erker
ainsi sans but, je m'assis sur une pierre, pour y
attendre le jour.

En Afrique, de toutes les heures, la plus délicieuse, la plus charmante est celle de l'aube matinale. Il y a dans l'air, encore frais et limpide,
quelque chose d'infiniment léger qui pénètre l'âme
et le corps, et qui grise les sens, heure joyeuse
de jeunesse retrouvée et d'espérance renaissante.

Il pouvait être trois heures à peine, et il faisait
encore nuit dans la ville. Mais là-bas, vers l'est,
les terrasses des maisons commençaient à se
détacher en noir sur un fond d'un vert glauque,
encore à peine distinct.

Sèchement, au-dessus de ma tête, un volet de
bois claqua, et un jet de lumière jaune glissa dans
la nuit : le mueddine se levait.

Comme en rêve encore, il commença son appel,
par l'attestation séculaire de l'omnipotence divine :
— Dieu est le plus grand ! « *Allahou akbar !* »

Doucement, lentement, sa voix semblait planer
au-dessus de la ville endormie... Elle avait un
accent de foi absolue, de sincérité, de recueille-
ment solennel, cette voix venant d'en haut, qui
semblait descendre du ciel, ferme et consolante.

De loin, d'autres voix lui répondirent, semblables. Dans un jardin voisin des oiseaux se réveil-
laient. Et ce fut un grand concert de voix vibrantes,
harmoniques, le cantique chanté chaque jour, de

par tous les pays d'Islam, au Seigneur des Univers,
Souverain au Jour de la Rétribution, Maître des
Orients et des Occidents, Roi du jour qui se lève...

— La prière vaut mieux que le sommeil !

La voix de rêve, raffermie peu à peu, lança cette
phrase dernière, très haut, impérieusement, et,
avec le même claquement sec de tout à l'heure,
les quatre petites fenêtres ogivales se refermè-
rent. Tout rentra dans l'ombre et le silence, pour
les courts instants d'avant le jour...

*
* *

Doucement, sans hâte, le canot effilé glisse
dans l'eau plus pure et plus salée du canal, entre
les berges basses et rougeâtres qui le séparent
du lac. Nous allons vers la haute mer, qui ferme
là-bas l'horizon d'une ligne sombre.

Nous allons toujours dans le rayonnement rose
du soir et dans l'eau tranquille, dans l'eau molle
du lac qui dort : le canot n'oscille pas.

A droite, sur sa colline ocreuse et rouge, semée
de tombes très blanches et de jardins d'un vert
profond, s'élève la claire demeure maraboutique
de Sidi Bel-Hassène et, plus loin, noyé de vapeurs,
le vieux fort crénelé si lourd.

Le grand mont Bou-Karnine dresse ses deux
pics jumeaux, d'un bleu sombre, embrumés déjà
par le soir qui naît.

Au loin, les blanches maisonnettes de Rhadès se reflètent dans l'eau vivante de la vraie mer libre.

Et voici, à gauche, se profilant sur l'embrasement du ciel, la colline auguste où fut Carthage.

Je regarde, songeuse, ce cap, cet éperon qui s'avance vers le large, ce coin de terre pour lequel tant de sang fut versé.

Les monastères blancs qui essayent d'évoquer les souvenirs de la Carthage byzantine, de la Carthage bâtarde des siècles de décadence, disparaissent dans le rayonnement occidental, et la colline punique semble déserte et nue.

Et voilà que toutes les images splendides du passé surgissent de ce flamboiement rouge et raniment la colline triste, les palais des suffètes, les temples des divinités sombres, le faste et les pompes des Barbares, toute cette civilisation phénicienne égoïste et féroce, venue d'Asie pour se développer et se magnifier encore sur la terre âpre et ardente de l'Afrique...

Presque brusquement le soleil a disparu à l'horizon, j'écoute les voix solennelles des mueddines qui m'arrivent des mosquées lointaines. Et toute la Carthage de mon rêve, tissée d'idéal et de reflets, s'éteint, avec les lueurs d'apothéose du soir mourant.

BLED-EL-ATTAR

Il est, dans un des plus vieux quartiers de Tunis, tout près de la sainte mosquée de l'Olive — djemâa Zitouna — où tout respire l'antiquité sereine et l'inébranlable foi, une petite cité d'ombre et de volupté où s'étoffent, en une trame de sensations, les couleurs les plus délicieuses et les parfums les plus suaves : c'est le Souk-el-Attarine.

Sous les hautes voûtes à colonnades torses, rouges et vertes, des voies ombreuses se croisent, pleines de mystère et d'évocation.

A droite et à gauche s'ouvrent, comme de petites armoires, les échoppes des parfumeurs où sont assis des Maures au visage de cire, aux regards adoucis par le clair obscur, aux sens alanguis par les senteurs.

Parmi les jeunes marchands il en était un, pensif et plein de distinction naturelle, Si Chedli ben Essahéli, fils d'un pieux et docte jurisconsulte de la djemâa Zitouna.

Si Chedli aimait à se vêtir avec l'élégance discrète de certains Tunisiens qui savent, de tradition lointaine, porter des soieries aux couleurs éteintes, d'une délicatesse de nuances empruntée au passé.

Accoudé avec nonchalance sur un précieux coffret de nacre, Si Chedli lisait ordinairement de vieux livres arabes, romans ou poésie. Devant lui, sur une tablette, on voyait dès l'entrée une tasse de café à l'eau de rose, une pipe de « chira » et, dans un vase translucide en fine porcelaine bleue de Stamboul, une grande fleur candide de magnolia, qui, tout de suite, vous enveloppait le cœur entre ses quatre feuilles épaisses de chair odorante.

— A quoi penses-tu, Si Chedli ? lui disaient souvent ses amis du Souk, parmi lesquels il tendait à s'isoler, sans pourtant les dédaigner.

— Je pense que toute joie humaine est fumée et que rien ne saurait me distraire assez...

*
* *

Un jour, une voiture s'arrêta à l'entrée du Souk, et des femmes voilées en descendirent. Elles entrèrent dans l'ombre des voûtes marchandes d'un pas balancé, et, s'avançant au hasard, elles arrivèrent à la boutique de Si Chedli, qui retint leur attention parce qu'elle était semblable à un grand coffre de bois ouvragé.

Le jeune homme remarqua à leur entrée qu'elles étaient étrangères, car elles portaient, sous la « ferrochia », le bonnet pointu des Constantinoises impertinemment posé de côté.

La plus jeune s'assit sur la banquette et commença à parler avec un pépiement gazouillant d'oiseau.

Après avoir, de ses doigts longs et menus, teints au henné, joué avec les flacons à facettes, les boîtes d'ivoire et les pastilles aromatiques, après avoir discuté les prix, elle se leva, rassembla en un petit tas les choses qu'elle avait choisies et dit, indifférente :

— Tu m'enverras cela à la maison de Lella Haneni, dans le quartier d'Halfaouïne... Non, ne m'envoie pas le porteur, car ce sont des essences précieuses... et tu les porteras toi-même.

Le regard insistant de la Mauresque aux grands yeux noirs se posa, au départ, sur les yeux de Chedli. Il en ressentit un délicieux malaise et, sans pouvoir détourner à temps la tête, il répondit par un sourire qui l'angoissait un peu :

— Quand ?

— Ce soir, après le mogh'reb.

Cependant Si Chedli, l'heure venue de la prière, ne manqua pas d'entrer à la mosquée suivant son habitude. Il en sortit, mécontent de lui-même : il avait prié en hâte, l'âme troublée par d'autres préoccupations.

⁂

Le reflet rouge de l'occident éclairait encore le haut de la ville, du côté de Bab-el-Gorjani, un grand calme alangui enveloppait Tunis dans une dernière vapeur de couleur.

Plus vif qu'à l'ordinaire dans la foule lente et traînante qui s'attardait aux échoppes, Si Chedli descendit à Halfaouïne.

Il entra dans une impasse voûtée et s'arrêta devant une petite porte invraisemblablement basse. Le lourd marteau de fer résonna étrangement dans la vieille maison caduque, envahie déjà par les herbes folles.

— *Achkoun ?* (Qui est là ?) cria une voix chevrotante de vieille.

— *Hall !* (Ouvre !)

Jamais l'Arabe, même devant sa propre maison, ne proférera son nom dans la rue.

La porte s'entr'ouvrit, et une vieille, vêtue de la « fouta » bleue des Tunisiennes pauvres, parut.

— Tu viens du Souk-el-Attarine ?

— Oui.

Elle le conduisit dans une grande cour plantée de trois orangers. Sur la galerie du premier étage, l'arcade d'une porte se voilait d'une soie éclatante comme la fleur de la grenade.

20

— C'est là, monte !

Par l'ombre fraîche d'un escalier pavé de faïence bleue, Si Chedli monta, la poitrine gonflée par le souffle du désir, et souleva le rideau souple, tordu sur sa main comme une belle flamme. Là, sur un épais tapis du Djerid, parmi des coussins brodés d'un or éteint, une femme s'alanguissait, vêtue d'une chemise de gaze blanche à larges manches lamées, d'un caftan de velours vert et or et de plusieurs gandoura de soie. Elle portait encore, dans sa pose couchée, la chéchïya pointue, ornée d'un foulard à franges et jugulée de deux chaînettes d'or qui venaient se rejoindre sous son menton, en dessinant son visage mat et en l'éclairant.

— Sois le bienvenu... Assieds-toi.

Elle était belle, d'une de ces beautés imprécises qui ont quelque chose de personnel et de rayonnant, une chaleur secrète, à peine trahie.

Il s'assit à côté d'elle, et une vieille Mauresque apporta le café obligé, sur un petit plateau de cuivre ciselé.

— Sont-elles aussi belles que Mannoubia, les femmes de ta Tunis ? demanda la vieille avec le rire de sa bouche édentée.

— Mannoubia?... c'est la rose cachée dans le feuillage.

— Toi aussi, tu es très beau.

Mannoubia jouait distraitement avec un éventail, en faisant sonner à peine ses bracelets à

chaque mouvement, et les anneaux précieux de
ses chevilles marquaient aussi d'un tintement
léger l'étirement de son corps félin sur les laines
douces. Elle n'avait pas la hardiesse des courtisanes de Tunis. Si Chedli, malgré lui, ne trouvait
pas devant elle le ton qu'il eût pris avec une autre ;
il y avait entre eux presque de la crainte: celle de
se joindre et de lutter plus que pour le plaisir.

— Écoute, dit-elle, j'allais acheter des parfums,
pour me distraire... mais, quand je t'ai vu, mon
cœur t'a souhaité comme l'essence la plus précieuse... Pourquoi ne me dis-tu rien? pourquoi
veux-tu que j'aie honte de toi?

— Mais qui es-tu, et d'où es-tu venue pour
troubler mon repos triste?

— Bône était notre ville, mais j'ai grandi à
Constantine, chez celle-ci qui est ma tante, sœur
de ma mère. Je suis venue parce que je m'ennuyais.

Chedli s'appuya d'un contact encore discret sur
les genoux de Mannoubia, et, lui prêtant toute l'at-
tirance de ses yeux, il murmura :

— Non, tu es venue comme la colombe vers le
ramier...

Les chaînettes d'or tremblèrent sur les joues de
la Mauresque.

La vieille avait disparu, et ils restaient là, dans
le silence et l'ivresse de la nuit qui tombait, pro-
longeant indéfiniment l'agonie délicieuse de leur
désir

Maintenant, la tête lasse de la jeune femme et
son beau cou tendu et toute la richesse de sa gorge
émue cherchaient une force contre la poitrine op-
pressée de Chedli. Et il l'étreignit, peu à peu,
jusqu'au rythme final du baiser promis dans les
jardins éternels...

.*.

Depuis ce jour, Si Chedli déserta souvent sa
boutique et oublia d'ouvrir ses vieux livres. Il
vivait en plein rêve.

Si Chedli avait vingt-cinq ans, et il avait usé de
toutes les choses plaisantes, jusqu'à la satiété.
Jamais il n'avait soupçonné que l'amour pût avoir
assez de force pour changer tous les aspects de
l'Univers.

La nature lui donnait une fête quand il prenait
le chemin de Halfaouïne, à la nuit tombante. Le
matin, pénétré d'une lassitude délicieuse, il lui
semblait, en allant au bain, qu'un voile léger se
déchirait et secouait sur la terre des pétales de
jasmin... Même avant la prière, il respirait dans
l'air l'odeur de son amour.

Chedli n'avait dit son secret à personne, pour
en être mieux suffoqué — et, de le voir si pâle,
quelques-uns pensaient qu'il devenait phtisique.

Mais le vieux et rigide Si Mustapha Essahéli
s'était aperçu du changement prodigieux qui
s'opérait en son fils et l'avait fait espionner adroi-

tement. Bientôt le secret de la retraite de Mannoubia fut connu du vieillard...

Un soir, quand Si Chedli vint frapper à la porte, la vieille Tunisienne lui dit, tout éplorée :

— Ils l'ont prise, ta colombe !

— Que dis-tu ?

— Oui, Sidi ; aujourd'hui des hommes du Bey sont venus... ils l'ont prise, elle et la vieille Téboura, malgré ses appels vers toi et ses plaintes... ils l'ont conduite à la gare pour la faire partir en Algérie.

Chedli demeurait fixe et grave ; il ne demandait rien, il doutait encore et ne comprenait pas.

Il entra dans la cour blanche et déserte, il monta l'escalier de faïence bleue, déchira le rideau et vit la chambre vide. Alors ses yeux se creusèrent affreusement.

— La retrouver, oui, je le jure sur le Dieu unique et sur son Prophète ! je le jure sur le bienheureux cheikh Sidi Mustapha-ben-Azzouz, mon maître en ce monde et dans l'autre... je la retrouverai.

*
* *

Longtemps, patiemment, il chercha une trace, un indice. Enfin, par des amis, il apprit que Mannoubia était retournée à Bône, où elle vivait, disait-on, de la vie des courtisanes.

Le cœur de Chedli bondit à cette nouvelle plus

encore d'espérance que de colère. Il irait vers son
amie, il la prendrait, il effacerait les baisers payés
avec ses larmes sincères. De toute cette douleur
et de toute cette honte, ils feraient encore de
l'amour. Mais, son père vivant, Si Chedli ne pos-
sédait rien à lui. Il implora vainement l'autorisation de partir.

Alors, abandonnant sa boutique, il hanta les
cimetières et les ruines de la banlieue.

Un jour, il ne revint plus. En vain son père le
chercha partout ; Si Chedli était parti, poussé par
la force de son cœur.

... Et le vieillard commença à pleurer.

Longtemps, dans les vieilles ruelles, dans les
cafés maures de la blanche Annèba, Si Chedli
chercha à savoir ce qu'était devenue Mannoubia.
Il chercha parmi ceux qui ne parlent pas des
femmes, et il fit sa compagnie de ceux-là aussi qui
vivent dans la maison des prostituées.

Une année bientôt s'était écoulée depuis la dis-
parition de la Mauresque. Égaré par des renseignements contradictoires, Si Chedli était venu
s'échouer à Alger.

Un soir, dans un café de Bab-el-Oued, grouillant
de races et qui sentait l'anis, Chedli rencontra un

de ses anciens amis de Tunis, devenu sergent aux tirailleurs. Ils échangèrent des souvenirs.

— Mannoubia bent El Kharrouby?... Je l'ai connue.

— Qu'est-elle devenue ?

— Dieu lui accorde la paix !

Chedli resta accablé, anéanti. En cet instant, il avait senti se refermer sur lui la porte d'un cachot qu'il ne devait plus quitter.

Ainsi, abandonnant patrie, famille, richesse, il était devenu un vagabond, il avait cherché son amie pendant une année, toujours déçu et toujours espérant... Et il venait là pour apprendre qu'elle était morte !

— Mais quand est-elle morte ? Où est-elle morte ?

— A Bône, où elle revenait, il y a environ un mois, après avoir passé quelque temps à Alger. Elle avait eu des chagrins profonds, elle riait de tout, elle buvait... Et enfin elle est morte de la poitrine.

— Aly, ne connais-tu pas sa tombe là-bas ?

— Non. Mais l'autre nièce de Téboura, Haounia te la montrera... Téboura aussi est morte.

*
* *

Derrière les dentelures bleues du grand Idou morose, le noble soleil descend en embrasant les hauteurs environnantes et la colline sacrée, plantée de hauts cyprès noirs et de grands figuiers aux branches tordues.

Là, sous des pierres sculptées multicolores et gracieuses, les croyants de l'Islam viennent dormir le sommeil inexprimable du tombeau.

Rien de lugubre et rien de triste dans ce cimetière plein de fleurs, de vignes et d'arbustes, où les tombes de faïence et de marbre blanc ne sont plus, parmi la terre vivante, que des taches de pureté. Tout y respire le grand calme auguste, la résignation, l'inébranlable assurance consolatrice.

Devant ce jardin de la paix définitive, en bordure de rêve, s'étend le golfe immense, immobile, d'un rose opalin strié d'azur et d'or, beau de tout le grand ciel inondé de clartés.

Sous les ailes de leurs voiles latines, les balancelles maltaises en fuite semblent suspendues dans l'éther entre deux miroirs d'infini

Là, sur la colline sainte, à l'ombre d'un jeune figuier, il est une tombe de faïence bleue et blanche, la longueur couchée d'un corps de femme entre deux dalles dressées. On y peut lire, en caractères arabes, cette simple épitaphe :

MANNOUBIA BENT AHMED

LA CONSTANTINOISE

A DIEU RETOURNENT LES CHOSES

IL N'EST PAS D'AUTRE DIVINITÉ QUE DIEU

ET MOHAMMED EST L'ENVOYÉ DE DIEU

A l'heure prestigieuse du mogh'reb, quand s'ef-
feuille la rose immense du soir, un homme vêtu de
gros drap, au visage régulier et sévère, monte
parfois vers la nécropole silencieuse, pour y
attendre la nuit en se souvenant.

Il porte l'uniforme bleu des tirailleurs ; sous la
chéchïya rouge son visage a bruni et maigri, et
personne ne saurait plus reconnaître en ce rude
soldat le Maure de Tunis délicat et pâle.

*
* *

Dans l'ombre parfumée, dans le silence lourd
du Souk-el-Attarine, sur lequel la Djemaâ Zitouna
toute proche jette la grande ombre triste de l'Islam, dans la petite alvéole d'une boutique auréolée de cierges multicolores et pleine d'aromates,
un vieillard est assis, appuyé d'un bras faible sur
le coffret de nacre qui semble plein de ses souvenirs. Des heures et des jours durant il reste là,
plongé dans son rêve immobile, et il attend, les
traits émaciés et flétris par la douleur, les yeux
usés et décolorés par les larmes.

Il reste là et il attend, témoin du temps, comme
une statue dérisoire de lui-même. Il écoute en
son cœur vide s'éteindre les derniers battements ;
il songe à son fils qui ne reviendra pas et à ce peu
de force, en lui, qui va mourir. .

LA VIE ET LES ŒUVRES

D'ISABELLE EBERHARDT

Quand M. Loubet, président de la République, vint en Algérie, Isabelle Eberhardt assistait au banquet de la presse qui fut donné à Alger. Elle y portait, suivant sa coutume, le costume arabe masculin tout de laine blanche, sans aucun ornement de soie, sans aucune autre tache de couleur que les cordelettes brunes en poil de chameau, nouant en tours nombreux, sur son front puissamment sculpté, la mousseline blanche de son haut turban du Sud.

La présence de ce jeune taleb aux belles mains allongées, à la voix douce un peu voilée et traînante, ne fut pas sans intriguer les reporters qui suivaient le voyage présidentiel. Quelques-uns, mal renseignés, envoyèrent à leurs journaux des informations inexactes sur la vie et la personnalité de notre amie, qui se trouvait comparée à une sorte de Velléda arabe, parcourant les tribus comme autrefois la belliqueuse Berbère Kahéna, reine de l'Aurès, pour y prêcher la haine de l'envahisseur. Ces choses répondaient d'ailleurs à des calomnies locales propagées par quelques folliculaires arabophobes.

Isabelle Eberhardt tenait à relever ces dires :

Ma véritable histoire, écrit-elle dans *la Petite Gironde* du 23 avril 1903, est peut-être moins romanesque, assurément plus modeste, que la légende en question, mais je crois de mon devoir de la conter.

Fille de père sujet russe musulman et de mère russe chrétienne, je suis née musulmane et n'ai jamais changé de religion. Mon père étant mort peu après ma naissance, à Genève, où il habitait, ma mère demeura dans cette ville avec mon vieux grand-oncle, qui m'éleva absolument en garçon, ce qui explique comment, depuis de longues années, je porte le costume masculin.

Je commençai, d'abord, des études médicales, que j'abandonnai bientôt, irrésistiblement entraînée vers, la carrière d'écrivain.

A ma vingtième année, en 1897, je suivis ma mère à Bône, . en Algérie, où elle mourut sous peu, après avoir embrassé la foi musulmane. Je retournai alors à Genève, pour y accomplir mon devoir filial auprès de mon grand-oncle, qu mourut bientôt, lui aussi, me laissant une petite fortune. Alors, seule, avide d'inconnu et de vie errante, je retournai en Afrique, où je parcourus à cheval et seule la Tunisie et l'Est algérien, ainsi que le Sahara constantinois. Pour plus de commodité et par goût esthétique, je m'accoutumai à porter le costume arabe, parlant assez bien la langue du pays, que j'avais apprise à Bône.

En 1900 je me trouvais à Eloued, dans l'extrême Sud-Constantinois. J'y rencontrai M. Sliman Ehnni, alors maréchal des logis de spahis. Nous nous mariâmes selon le rite musulman.

En général, dans les territoires militaires, les journalistes sont mal vus, en leur qualité d'empêcheurs de danser en rond... Tel fut mon cas : dès le début, l'autorité militaire, qui est là-bas, en même temps, administrative (bureaux arabes), me témoigna beaucoup d'hostilité; aussi, quand nous manifestâmes, mon mari et moi, l'intention de consacrer notre mariage religieux par une union civile, l'autorisation nous en fut refusée.

Notre séjour à Eloued dura jusqu'en janvier 1901, époque à laquelle je fus, dans les circonstances les plus *mystérieuses,* victime d'une tentative d'assassinat de la part d'une sorte de fou indigène. Malgré mes efforts, la lumière ne fut pas faite sur cette histoire, lors du procès qui eut lieu, en juin 1901, devant le Conseil de guerre de Constantine.

Au sortir du Conseil de guerre, où j'avais naturellement dû comparaître comme principal témoin, je fus brusquement expulsée du territoire *algérien* (et non de France), sans qu'on daignât même m'exposer les motifs de cette mesure. Je fus donc brutalement séparée de mon mari. — Étant naturalisé français, son mariage musulman n'était pas valable.

Je me réfugiai auprès de mon frère de mère, à Marseille, où mon mari vint bientôt me rejoindre, permutant au 9ᵉ hussards. Là, l'autorisation de nous marier nous fut accordée après enquête et sans aucune difficulté... Il est vrai que c'était en France, bien loin des proconsulats militaires du Sud-Constantinois. Nous nous mariâmes à la mairie de Marseille, le 17 octobre 1901.

En février 1902, le rengagement de mon mari expirant, il quitta l'armée et nous rentrâmes en Algérie. Mon mari fut bientôt nommé *khodja* (secrétaire-interprète) à la commune mixte de Ténès, dans le nord du district d'Alger, où il est encore.

Telle est ma vraie vie, celle d'une âme aventureuse, affranchie de mille petites tyrannies, de ce qu'on appelle les usages, le « reçu », et avide de vie au grand soleil, changeante et libre.

Je n'ai jamais joué aucun rôle politique, me bornant à celui de journaliste, étudiant de près cette vie indigène que j'aime et qui est si mal connue et si défigurée par ceux qui, l'ignorant, prétendent la peindre.

Je n'ai jamais fait *aucune propagande* parmi les indigènes, et il est réellement ridicule de dire que je pose en *pythonisse !*

Partout, toutes les fois que j'en ai trouvé l'occasion, je me suis attachée à donner à mes amis indigènes des idées justes et raisonnables et à leur expliquer que, pour eux, la domination française est bien préférable à celle des Turcs et à toute autre.

Il est donc bien injuste de m'accuser de menées anti-françaises.

Quant à la teinte d'antisémitisme que m'attribue votre envoyé spécial, elle m'est d'autant plus étrangère que, collaboratrice à *la Revue blanche*, à *la Grande France*, au *Petit Journal illustré* et à *la Dépêche Algérienne*, où je suis rédactrice attitrée, j'ai collaboré aux *Nouvelles* d'Alger, qui, sous la rédaction en chef de M. Barrucand, ont si largement contribué à détruire ici la tyrannie antisémite. J'ai passé à l'*Akhbar* en même temps que M. Barrucand, qui reprenait à nouveau ce vieux journal pour y poursuivre une œuvre essentiellement *française* et *républicaine*, et pour y défendre les principes de justice et de vérité qui doivent s'appliquer ici à tous, sans distinction de religion et de race.

J'espère, Monsieur le Rédacteur en chef, que vous voudrez bien insérer ma rectification et faire ainsi droit à ma défense, que je crois très légitime.

Agréez, etc.

⁂

La mère d'Isabelle Eberhardt, en 1873, était restée veuve du général de Moërder, dont elle eut plusieurs enfants, qui occupent aujourd'hui de hautes situations administratives en Russie. Isabelle Eberhardt fut une fille de l'exil. Son grand-oncle et tuteur, dont elle parle dans son autobiographie épistolaire, s'appelait Alexandre Trophimowsky. C'était un homme très bon, très cultivé, d'esprit libéral, un peu solitaire. Dans un esprit de protestation politique, il avait quitté la Russie et s'était établi en Suisse. Ce fut près de lui que Mme de Moërder vint habiter après son veuvage et ce fut dans sa maison de la banlieue de Genève, dite « Villa Neuve », à Meyrin, qu'Isabelle Eberhardt naquit en 1877.

Elle y fut élevée suivant les idées de son tuteur sur l'éducation des filles, évoluées depuis Fénelon.

Dans la bibliothèque du misanthrope bienfaisant, Isabelle Eberhardt apprit au hasard beaucoup de choses, et elle les savait avec goût.

A dix-huit ans, étudiant appliqué, dont l'horizon ne dépassait pas les vitres, elle écrivait le français, le russe, l'allemand, l'arabe et se tenait au courant des mouvements d'idées. Elle entretenait aussi quelques correspondances littéraires sous des pseudonymes variés : Mahmoud Saâdi, Nicolas Podolinsky, etc., pour confronter son esprit à celui des autres, sans donner prise sur elle-même.

Après la mort de sa mère et de son tuteur, commença, pour elle, une tout autre vie, qu'un peu de fortune facilita d'abord.

Pour la songeuse et la studieuse, pour la captive impatiente des livres, le moment vint où elle se trouva livrée à elle-même, libre de choisir sa voie.

Après les grands deuils, qui devaient revenir en ombres apaisantes, Isabelle Eberhardt hésite un peu sur le seuil de la triste villa genevoise qu'elle revoyait, en 1899, après de longs mois d'Afrique et qu'elle allait quitter pour toujours. Mais la caresse d'un beau crépuscule passe sur ses yeux : elle cède, elle retourne aux bords qui l'ont conquise et, tout de suite, elle veut posséder les grands horizons lumineux, l'espace pur, le désert.

D'autres femmes, et la plus célèbre, lady Stanhope, petite-fille de lord Chatam et nièce de William Pitt, le grand homme d'État anglais, avaient déjà réalisé l'ambition des belles chevauchées au désert sous le costume arabe; mais il n'est personne qui ait vécu le quotidien de la vie du Sud comme devait le faire Isabelle Eberhardt, personne qui, de cette vie profonde et monotone, ait rapporté autant de souvenirs.

**

Elle ne fut pas seulement le cavalier d'une fantasia, la passante sur un fond saharien, mais encore la nomade des sables et l'errante des villes.

N'eût elle rien écrit, Isabelle Eberhardt mériterait encore, par sa vie, de retenir l'attention dans notre époque de curiosité, qui semble chercher des héroïnes, mais qui ne les accepte le plus souvent qu'au théâtre.

Celle ci fut simple et forte, et, d'ailleurs, une fin tragique couronna son destin.

Elle mourut à vingt-sept ans, dans la catastrophe d'Aïn-Sefra, le 21 octobre 1904, entraînée, par la chute de sa maison, dans le débordement des eaux (1).

**

On retrouva son corps, sous les décombres, deux jours après l'inondation. Le général Lyautey, qui s'intéressait à ses études sahariennes si colorées et si exactes, la fit inhumer au cimetière musulman d'Aïn-Sefra.

C'était là qu'elle allait, c'est là qu'elle repose, au pays des lumières de diamant, dans le cimetière le plus idéaliste du monde, sans aucune laideur voisine, au pied de la haute dune de sable qui fut l'écran de ses rêves et qui descendra un jour sur les humbles tombes nues pour les recouvrir de son manteau d'or.

**

Son mari, M. Sliman Ehnni, qui se trouvait près d'elle,

(1) A l'extrémité des Hauts-Plateaux du Sud-Oranais, Aïn Sefra est située dans un vaste cirque de montagnes par 1.200 mètres d'altitude. Les premières pluies d'automne y sont presque toujours d'une grande violence, et toutes les saisons y éclatent avec brusquerie.

a donné sur sa mort quelques détails bien dignes de son caractère (1).

L'oued Sefra, rompant ses rives et déplaçant son cours, venait de couper à travers le village et le ravageait. Ils virent venir le flot de boue. Isabelle Eberhardt conserva toute sa présence d'esprit, et son cœur admirable se révéla encore dans ce moment. Elle disait à son mari : « Je sais nager. n'aie pas peur, je te soutiendrai... » Et déjà elle arrachait des planches pour lui en faire un radeau

Le soin qu'elle apportait à sauver son époux fut la cause de sa mort. Au moment où elle s'engageait à son tour dans l'escalier, la maison s'écroula sur elle.

∗∗

M. Ali Abdul-Wahab, fonctionnaire et lettré tunisien d'une grande distinction, eut l'occasion de voir Isabelle Eberhardt aux premiers temps de son arrivée en Afrique.

« C'était, dit-il, à Paris vers la fin de 1896. Me trouvant un jour chez mon vénérable ami le cheikh Abou-Naddara, je remarquai sur son bureau le portrait d'un marin russe.

« Intrigué par cette photographie de jeune éphèbe au milieu de tant de respectables têtes de vieillards, pour la plupart des ministres, des pachas, des princes ou hauts dignitaires de la cour ottomane, je hasardai une indiscrétion, bien pardonnable, auprès de mon affable et sympathique hôte Abou-Naddara.

— « C'est, m'apprit-il, un jeune écrivain slave, qui, ayant embrassé la foi musulmane, vient de s'établir en Algérie pour étudier la langue arabe.

« Un mois après, je recevais une fort gentille lettre où notre Slave, signant « Mahmoud », me priait de lui éluci-

(1) Voir le récit de M. Ehnni dans la *Dépêche Algérienne* du 3o octobre 1904.

der quelques questions musulmanes qu'il n'avait pu comprendre. Je lui donnai satisfaction malgré le peu de loisir que j'avais alors. Une correspondance des plus régulières s'établit bientôt entre nous ,et, quelques mois plus tard, invité par mon nouvel ami, je débarquais à Bône, où je demeurai trois jours avant de regagner Tunis.

« Je ne chercherai pas à décrire l'étonnement qui me saisit au débarcadère, lorsqu'au lieu de serrer la main d'un Mahmoud, je me trouvai en présence d'une jeune fille, très élégamment vêtue, que je saluai avec le plus grand respect.

« Elle me toisa un moment, hocha la tête, sourit et me dit d'un ton bien franc, sur une pointe de moquerie :

— « A croire ce qu'on m'avait dit de vous, je ne vous aurais jamais cru capable d'un aussi grand respect pour les préjugés.

« Malgré tout, je fus longtemps avant de m'habituer à l'idée de cette jeune et jolie fille délaissant, de parti pris, les douces prérogatives de son sexe pour courir des aventures devant lesquelles le plus hardi des hommes eût peut-être reculé ; et cette histoire me parut si étrange qu'en rentrant à l'Hôtel d'Orient où j'étais descendu, je me surpris à répéter toute une gamme exclamative.

« En quittant Bône je remportai un inoubliable souvenir de l'accueil charmant que m'avait réservé la famille d'Isabelle Eberhardt.

« Mon court séjour dans cette ville ne m'avait pas permis de pénétrer, comme je le désirais et comme plus tard je le pus, le mystère qui planait sur la vie d'Isabelle ; néanmoins il me semblait comprendre qu'elle avait beaucoup d'ennuis et qu'elle souffrait.

« Cette supposition fut confirmée par une série de longues épîtres qu'elle m'adressa à Tunis. »

•*•

Dans ces lettres, que nous communiqua M. Abdul-Wahab, Isabelle Eberhardt explique la nature de sa pensée à Bône, près de sa mère déjà très malade :

« Ici je ne bouge pas, je ne cause pas, j'étudie et j'écris... »

Elle ajoute :

« Peut-être avez-vous deviné que, chez moi, l'ambition de me « faire un nom et une position » par ma plume (chose à laquelle je n'ai guère confiance d'ailleurs, et que je n'espère pas même atteindre), que cette ambition est au second plan.

« J'écris parce que j'aime le « processus » de création littéraire ; j'écris, comme j'aime, parce que telle est ma destinée, probablement. Et c'est ma seule vraie consolation. »

A ce moment Isabelle Eberhardt avait déjà commencé le roman qu'elle devait publier, plus tard, sous le titre : *Trimardeur*. Cette œuvre s'intitulait alors *A la Dérive*.

Dans la correspondance d'Isabelle Eberhardt avec un de ses frères, engagé à la Légion étrangère, celui-ci s'intéresse à ce livre et promet des notes. Il donne aussi ses impressions de légionnaire. Elles sont fort intéressantes.

Dans une de ses lettres de délicate camaraderie intellectuelle, Isabelle Eberhardt explique à M. Abdul-Wahab son « bon garçonisme ».

« En face du monde nous portons, par défiance autant que par crainte des banales consolations que l'on ne manquerait pas de nous prodiguer, un masque impénétrable pour ceux qui, comme la grande, l'immense majorité des hommes, ne nous ressemblent point. Chez vous, c'est le masque de l'impassibilité et presque de l'indifférence. Chez moi, c'est celui d'un bon garçonisme qui explique mes continuelles blagues et agaceries. L'un et l'autre, nous sommes peut-être malades. Nous souffrons parfois cruellement, mais nous ne voulons point de la compassion de nos pseudo-semblables si dissemblables...»

— Remarquons encore un trait de franchise bien remarquable chez une jeune femme qui s'étudie, qui veut vivre, écrire, être enfin ce qu'elle doit être :

« Il y a en moi, dit-elle, des choses que je ne comprends pas encore ou que je ne fais que commencer à comprendre. Et ces mystères-là sont fort nombreux. Cependant je m'étudie de toutes mes forces, je dépense mon énergie pour mettre en pratique l'aphorisme stoïcien : « Connais-toi toi-même. » C'est une tâche difficile, attrayante et douloureuse. Ce qui me fait le plus de mal, c'est la prodigieuse mobilité de ma nature et l'instabilité vraiment désolante de mes états d'esprit, qui se succèdent les uns aux autres avec une rapidité inouïe. Cela me fait souffrir et je n'y connais d'autre remède que la contemplation muette de la nature, loin des hommes, face à face avec le grand Inconcevable, seul unique refuge des âmes en détresse. »

— Elle parle plus loin, dans la même correspondance, de « ce grand sphinx qui nous attire là-bas... ».

***

Après la mort de sa mère et celle de son tuteur, entre deux voyages à Tunis, Isabelle Eberhardt eut la curiosité de voir le Sahara en été. Son carnet de route, bref comme un itinéraire, va nous montrer ce que fut ce « raid » dans le désert.

Elle avait quitté Genève le 4 juin 1899, après la mort de son tuteur. Le 14, elle est à Tunis. Le 8 juillet, elle se met en route pour le Sud-Constantinois. Nous la trouvons à Timgad le 12 juillet, « déjeuner et sieste sous l'arc de Trajan », et deux jours après à Biskra.

Elle veut aller plus loin, pousser jusqu'au grand désert. On lui conseille de s'adresser au bureau arabe.

Suivons ici son carnet de route, complété par sa correspondance.

« Comme je dînais à l'hôtel de l'Oasis, le capitaine de Susbielle, rencontré dans la journée, me propose de me joindre à son convoi pour aller à Touggourth. J'acceptai d'abord, mais, dans la soirée, au cours de mes conversations avec les indigènes, mon intention se modifia quand j'appris la rudesse de cet officier envers les musulmans. Je n'avais pas le temps de contrôler leur dire, mais, désireuse de bien connaître les mœurs du Sud, je ne voulais pas m'aliéner la sympathie des indigènes et, le lendemain, quand le capitaine de Susbielle vint me chercher pour partir, je m'excusai de ne pas me joindre à son convoi, retenue que j'étais à Biskra par des lettres de ma famille qui devaient m'y rejoindre. Il me dit qu'il m'attendrait à Chegga, deuxième étape sur la route de Touggourth.

« Le 18 juillet au soir, départ (avec Salah et le Bou Saadi Chlély ben Amar) pour Touggourth. Mes compagnons ne sont pas pressés de se mettre en route. Nous nous attardons jusqu'à 2 heures du matin, café Chéoui, au vieux Biskra, avec les fils d'un marabout et les spahis, à parler des choses du Sud.

« Le 19, à 9 heures, arrivée à Bordj-Saàda (Teïr-Rassou). Sieste lourde dans la chaleur après la marche de nuit. Réveil paresseux. Nous musardons.

« Joué aux cartes avec les Chaoulya (berbères de l'Aurès) d'une caravane campée près du bordj.

« Il est entendu que je suis un jeune lettré tunisien voyageant pour s'instruire et visitant les zaoulya du Sud.

« A Biskra, le lieutenant-colonel Fridel m'a demandé au bureau arabe si je n'étais pas une *méthodiste*. Quand il a su que j'étais Russe et musulmane il n'a plus rien compris du tout. Ceux qui ne sont pas dans le Sahara pour leur plaisir ne comprennent pas qu'on y vienne, surtout en dehors de la «saison». Suivant cette manière de voir, Fromentin n'aurait jamais écrit son « Été dans le Sahara ». Il est vrai que je ne suis pas Fromentin, mais il faut bien commencer. Et puis j'ai le tort de m'habiller comme tout le monde ici (1).

«˙Le cheikh des Chaoulya de la caravane est un vieillard curieux et qui voudrait s'instruire. Il me demande à 3 heures de lui donner une leçon de français... et nous devons nous séparer au mogh'reb (coucher du soleil).

« Arrivée vers 11 heures et demie à Bir-Djefaïr, où nous nous reposons dans la cour du bordj infestée de scorpions. Pour commencer mon apprentissage de caravanier, j'ai rempli la *guerba* (outre) d'une eau de puits excellente, avec ma tasse de fer-blanc.

« Repartis à 2 heures et demie matin, bon train.

« Arrivée à Chegga vers 3 heures trois quarts. Rencontré des « joyeux » venant de Guémar, sans gradés, pour porter plainte au général, à Batna. Bu le café avec eux.

« Repartis le 20, 5 h. 3/4. Arrivée à Bir-Sthil vers 11 heures. Bonne eau. Querelle avec le gardien. Fièvre, soif intense. Pas trouvé à manger (vécu de pain depuis le 18 au soir). Repartis à 9 heures soir.

« Rencontré, au poste télégraphique, à 9 heures, au sud de Sthil, caravanes de Chaamba allant de Barika à Ouargla. Cheikh Abd-el-Kader ben Aly, modèle de la bonne grâce,

(1) Plus tard, quand Isabelle Eberhardt cherchera à connaître les motifs qui pouvaient motiver son expulsion d'Algérie, M. B..., chancelier du Consulat de Russie à Alger, lui écrira, le 18 juin 1901 :

« Vous portiez un costume arabe masculin, chose qui, avouez-le vous-même, ne convient pas trop à une demoiselle de nationalité russe.

me propose de me conduire à Ouargla avec sa caravane, sans rétribution.

« Vers 1 heure matin, manqué périr avec mon cheval dans une *sebkha* (lac salé désséché), à l'ouest de la route.

« A 3 heures, mis pied à terre et prêté mon cheval à un ouvrier Chéoul qui marchait à pied avec nous, pour ne pas être seul. Suivi, comme à la promenade, les plantations de la Société Française de l'Oued-Rir. Arrivée à El-Mérayer, à 5 heures.

« Parti 9 heures. Fait fausse route. Rejoint les Chaamba vers minuit. Rencontré nomades, homme et femme, allant, sous la conduite d'Abdou Fay, nègre armé, à la djemmâa, près Ourlana, pour se divorcer. Fait route tous ensemble.

« Arrivée le 22, vers 2 heures, à la source dite Aïn-Sefra. Repos avec les divorcés. Reparti, passant par El-Berd, à 5 heures matin. Rejoint les Chaamba vers 7 heures. A 9 heures repos à la première fontaine de l'oasis d'Ourlana.

« Monté au bordj. Trouvé ordre de Susbielle de ne pas me laisser séjourner au bordj plus de 24 heures. Histoire des mesures à orge coupées et des coups de cravache donnés au cheikh (ou caïd?). Journée de soif et de fièvre, dans l'abri de la troupe.

« Parti au mogh'reb. Passé près d'une heure à chercher, au moyen d'allumettes, la seule bonne source d'Ourlana, sur la route de Maggar. Trouvé. Abreuvé cheval et mulets malades, au moyen de mon bidon. Changé l'eau de la guerba. Sur la route, altercation avec le cheikh d'Ourlana.

« Vers minuit, rencontré le commandant du Cercle de Touggourth, partant en congé, en voiture. Vers 2 heures du matin, repos pour cause de malaise, tous trois pris de vomissements et de vertiges. Dormi au milieu du désert, sur le sable.

« Recherche des bêtes au réveil. L'homme de Bou-

Saâda essaye d'allumer une cigarette d'un coup de pistolet. Laissé en arrière, avec son mulet, Lakhdar, porteur du pain et de l'eau.

« Le 23, de 2 à 4 heures, traversée de la pointe ouest du Chott Mérouan. Arrivés (Salah et moi) à El-Maggar à 4 heures. Bu café au relai arabe de la poste. Partis à la recherche de Chlély. Retrouvé.

« Quitté El-Maggar vers 6 heures. Arrivés à Touggourth vers 11 heures. Dormi toute la journée. Soirée passée à noter scène « femmes du Sud » avec chanteuses et brigadier Smaïn.

« Vers 4 heures, le khalifa Abd-el-Aziz et le deïra Slimène sont venus me chercher pour aller chez le capitaine de Susbielle. Entretien de près de deux heures, d'abord violent, puis, plus courtois, de la part du capitaine. Refus glacial et poli de me laisser à Ouargla, c'est-à-dire de donner à mes guides la permission de m'accompagner.

« Jusqu'à 10 heures soir, me voici à la recherche des Chaamba pour partir avec eux, en laissant mes guides à Touggourth.

« Trouvé Taïb, le Chéoui, qui me dit que le cheikh Abd-el-Kader me faisait saluer, et qu'il était parti à l'asr, vers quatre heures.

« Le 25, matin, retourné bureau arabe ; demandé permission pour guides dans le Souf. Accordé.

« Passé à Touggourth journées des 26, 27, 28. Le 28, été à cheval à Témassine. Le 29, 4 heures après-midi, parti pour Eloued. Fièvre intense. Tombé dans la dune près la guemira de Mthil. Fait route avec postier nègre Amrou.

« Le 31, 2 heures matin, reparti avec postier Bel Kheïr. Arrivés vers 9 heures et demie matin à Ferdjenn. Trouvé brigadier Osman et spahi Mohamed ben Tahar. Passé journée fièvre.

« Le 1er août, 2 heures et demie matin, parti avec guide souñ Habib. Arrivés 9 heures matin Moïet-el-Caïd. Sieste. Parti après le moghreb.

Arrivé vers 7 heures matin à Bir-Ourmès. Passé journée jardin du cheikh. Querelle et bataille de guides avec les fils du cheikh. Passé nuit devant le bordj.

« Le 3, 5 heures matin, parti. A 4 heures du soir court arrêt à Kasr-Koulnine pour boire. Impression inoubliable du soleil couchant dans la grande dune.

« Arrivée à Eloued à 7 heures. Trouvé enterrement musulman. »

.*.

— Isabelle Eberhardt ne séjourna alors que peu de temps dans la région d'Eloued. Mais elle en garda cependant la plus vive impression. Elle devait y revenir l'année suivante et y passer plusieurs mois. Malade de fièvre, nous la trouvons de retour à Biskra le 17 août et à Batna le 19.

Elle fait alors une excursion dans les montagnes de l'Aurès.

« Le 25, entrée sur le territoire des Ouled-Soltan. Diffa à Ras-el-Djebel, chez le cheikh Slimène des Ouled-Soltan. Le 26, ascension du Djebel-Touggour. Nuit dans la forêt de cèdres. Le 27, descente à Barika. Rentrée à Khenchela le soir. Nuit au fondouk. Retour à Batna le 28. »

.*.

Le 29 elle est à Bône, où elle visite le tombeau de sa mère. Elle en repart le 2 septembre et rentre à Tunis, où elle passera une partie de l'automne. C'est à cette date qu'elle indique ses « Heures de Tunis ».

Après un séjour d'une quinzaine de jours à Marseille, où habite son frère Augustin, elle arrive à Paris le 20 novembre.

Elle voudrait y passer tout l'hiver, mais son humeur nomade l'emporte de nouveau, et cette fois en Italie.

Citons encore son étonnant carnet de voyage, qui va nous renseigner sur ses caprices d'errante.

« Le 17 décembre 1900, quitté Paris par express. Le 18, arrivée à Marseille. Passé hôtel Beauveau les quatorze jours suivants.

« Le 29, partie pour Gênes. Arrivée le 30, 11 heures matin. Descendue hôtel de France et passé journée à courir la ville. Le soir du même jour, départ sur *le Persia* pour Livourne. Arrivée 31 matin.

« La Sardaigne me tente. Je m'embarque pour Cagliari. Descendue « Albergo Quatro Mori ». Passé là le mois de janvier, puis retour à Paris. »

.•.

Au commencement du mois de mai 1900, Isabelle Eberhardt se retrouvait encore une fois à Marseille. Elle y note son regret des grands espaces de lumière et sa vision première du Sahara, retrouvée à travers la cohue de la grande cité commerciale. Elle revoit son arrivée à Eloued au mois d'août et cet enterrement arabe qui la fit frissonner de toute la force de sa destinée.

On lira, en illustration sentimentale de cette période de sa vie errante, les pages que nous avons pu reconstituer, d'après ses notes, sous le titre : *Nostalgies* qu'elle indiqua. Nous les avons jointes aux « Choses du Sahara ».

⁂

Emportée par sa passion du Sud, Isabelle Eberbardt arrivait de nouveau à Eloued dans les premiers jours du mois d'août 1900. On trouve trace de son passage sur le registre de l'Hôtel de l'Oasis, de Touggourth, le 31 juillet 1900, à la même date qu'en 1899.

C'est alors que la vie saharienne la prit profondément. Elle sentit bientôt qu'elle se détachait de l'Europe, qu'elle allait devenir étrangère à elle-même, et fut presque effrayée de la pente où elle glissait. La fin de l'année la trouva dans ces dispositions.

Elle écrivait à son frère:

« Tu ne saurais t'imaginer quelle plaie vive tu as touchée en moi, par tes questions au sujet de la littérature.

« Mon Dieu ! non, non, je n'ai pas oublié, mon cœur ne s'est point fermé au souffle divin du Beau !

« Mais, hélas, je crois que je suis en train de subir le sort de *Jean Berny* et que mes quelques cahiers d'essais littéraires, que j'ai rapportés ici, sont destinés à jaunir, à se raccornir comme ceux où Berny laissa s'ensevelir définitivement ses espérances. Et pourtant, c'est un remords constant pour moi que ces livres et ces cahiers.

« Notre ami D... avait peut-être raison de me dire l'autre jour en partant:

« — Prenez garde, Si Mahmoud, vous vous accoutumerez à notre vie, et, de lendemain en lendemain, vous remettrez toujours le travail littéraire... En fin de compte, ce lendemain ne viendra jamais. Ce n'est qu'une lâcheté pour apaiser les justes remords de la vocation qui se plaint... »

Isabelle Eberhardt ajoutait:

« Je vais cependant commencer quelques notes sur le Souf : Le pays est absolument inédit. »

Parlant de sa vie à Eloued, elle écrit le 10 décembre 1900 :

« En fait de visiteurs, il n'y a que le cheikh des Kadriya de Guémar, Sidi Elhoussine ben Brahim, homme d'un certain âge, marabout vénéré, qui est devenu un véritable père pour nous. C'est d'ailleurs lui qui m'a donné l'initiation et le chapelet des Kadriya. Il s'arrête toujours chez nous quand il vient à Eloued. Il lui est arrivé de passer à la maison 5 et 6 jours à la file. Il y a aussi Abdelkader ben Saïd, l'instituteur indigène qui vient nous voir. C'est tout. Nous avons fermé nos portes au monde, et nous n'allons chez personne à Eloued. Je vais de temps en temps à la grande zaouiya d'Amiche, ou chez Sidi Elhoussine à Guémar. C'est tout.

« Autrement je fais de longues promenades solitaires sur mon brave « Souf », qui devient décidément un excellent cheval, énergique et vite. Lundi dernier, il m'a été donné de participer à une des plus belles fêtes que j'aie jamais vues : la rentrée du grand marabout des Kadriya, Sidi Mohamed El-Hachmi ben Brahim, frère du Naïb qu'il avait accompagné à Paris. »

— On lira une esquisse de cette fête dans le récit « Fantasia », joint aux « Choses du Sahara ».

Dans une autre lettre d'Eloued, elle dit encore :

« A quoi bon le cacher ? J'ai une conviction intime — sans aucun fondement logique d'ailleurs, je crois que ma vie est désormais liée pour toujours au pays saharien et que je ne dois plus le quitter. Tout aussi bien que moi, tu connais ces intuitions, et comme elles nous enveloppent de certitude. »

*

Isabelle Eberhardt a raconté elle-même, en termes très précis, l'agression dont elle fut victime le 29 janvier 1901, au village de Behima, à 14 kilomètres au nord d'Eloued, sur la route du Djerid tunisien. Elle l'a fait dans une lettre que publiait *la Dépêche Algérienne* à la date du 4 juin 1901.

— Ayant passé à Eloued, dit-elle, lors d'une premièr excursion dans le Sahara constantinois que je fis en été 1899, j'avais gardé le souvenir de ce pays des dunes immaculées, des profonds jardins et des palmeraies ombreuses.

Je vins donc me fixer à Eloued, en août 1900, sans savoir au juste pour combien de temps.

C'est là que je me fis initier à la confrérie des Kadriya, dont je fréquentai désormais les trois zaouïya situées aux environs d'Eloued, ayant acquis l'affection des trois cheikhs, fils de Sidi Brahim et frères de feu le naïb d'Ouargla.

Le 27 janvier, j'accompagnai l'un d'eux, Si Lachmi, au village de Behima. Le cheikh se rendait à Nefta (Tunisie) avec des khouans, pour une ziara au tombeau de son père Sidi Brahim... Je comptais rentrer le soir même à Eloued, avec mon domestique, un Soufi, qui m'accompagnait à pied. Nous entrâmes dans la maison d'un nommé Si Brahim ben Larbi et, tandis que le marabout se retirait dans une autre pièce pour la prière de l'après-midi, je demeurai dans une grande salle donnant sur une antichambre ouverte sur la place publique où stationnait une foule compacte et où mon serviteur gardait mon cheval. Il y avait là cinq ou six notables arabes de l'endroit et des environs, presque tous khouans Rahmania.

J'étais assise entre deux de ces personnes, le propriétaire de la maison et un jeune commerçant de Guémar, Ahmed ben Belkacem. Ce dernier me pria de lui traduire trois dépêches commerciales, dont l'une, fort mal rédigée, me donna beaucoup de peine. J'avais la tête baissée et le capuchon de mon burnous rabattu par-dessus le turban, ce qui m'empêchait de voir devant moi. Brusquement je reçus à la tête un violent coup suivi de deux autres au bras gauche. Je relevai la tête et je vis devant moi un individu mal vêtu, donc étranger à l'assistance, qui brandissait au-dessus de ma tête une arme que je pris pour une matraque. Je me levai brusquement et m'élançai vers le mur opposé, pour saisir le sabre de Si Lachmi. Mais le premier coup avait porté sur le sommet de ma tête et m'avait étourdie. Je tombai donc sur une malle, sentant une violente douleur au bras gauche.

L'assassin, désarmé par un jeune mokaddem des Kadriya, Si Mohamed ben Bou-Bekr et un domestique de Sidi Lachmi nommé Saâd, réussit cependant à se dégager. Le voyant se rapprocher de moi, je me relevai et voulus encore m'armer, mais mon étourdissement et la douleur aiguë de mon bras m'en empêchèrent. L'homme se jeta dans la foule en criant : « Je vais chercher un fusil pour l'achever. »

Saâd m'apporta alors un sabre arabe en fer ensanglanté et me dit : « Voilà avec quoi ce chien t'a blessée ! »

Le marabout, accouru au bruit et auquel le meurtrier fut immédiatement nommé par des personnnes qui l'avaient reconnu, fit appeler le cheikh indépendant de Behima, appartenant comme l'assassin à la confrérie des Tidjanya, qui sont, comme l'on sait, les adversaires les plus irréconciliables des Kadriya dans le désert.

Ce singulier fonctionnaire opposa une résistance obstinée au marabout, prétendant que le meurtrier était un chérif, etc.

Le marabout le menaça alors publiquement de le dénoncer comme complice au bureau arabe, et il exigea énergiquement que l'assassin fût immédiatement arrêté et amené. Le cheikh s'exécuta de fort mauvaise grâce.

L'assassin, emmené dans la pièce où l'on m'avait étendue sur un matelas, commença par simuler la folie, puis, convaincu de mensonge par ses propres concitoyens qui le connaissaient pour un homme raisonnable, tranquille et sobre, il se mit à dire que c'était Dieu qui l'avait envoyé pour me tuer.

Ayant toute ma connaissance, je constatai que la figure de cet homme m'était totalement inconnue, et je me suis mis à l'interroger moi-même. Il me dit que lui non plus, il ne me connaissait pas, qu'il ne m'avait jamais vue, mais qu'il était venu pour me tuer et que, si on le lâchait, il recommencerait.

A ma question, pourquoi il m'en voulait, il répondit :
« Je ne t'en veux nullement, tu ne m'as rien fait, je ne te connais pas, mais il faut que je te tue (1). »

Le marabout lui demanda s'il savait que j'étais musulmane : il répondit affirmativement. Son père déclara qu'il était Tidjanya.

Le marabout obligea le cheikh de l'endroit à prévenir le bureau arabe et demanda un officier pour emmener le meurtrier et ouvrir l'instruction, et le médecin-major pour moi.

Vers onze heures, l'officier chargé de l'instruction, lieutenant au bureau arabe, et le major se présentèrent.

Le major constata que la blessure de ma tête et celle de mon poignet gauche étaient insignifiantes ; un hasard providentiel m'avait sauvé la vie : une corde à linge se trouvait tendue juste au-dessus de ma tête et avait amorti le premier coup de sabre, qui, sans cela, m'eût infailliblement tuée. Mais l'articulation de mon coude gauche était ouverte du côté externe, le muscle et l'os entamés.

Par suite de l'énorme perte de sang que j'avais subie — pendant six heures — je me trouvais dans un état de faiblesse tel, qu'il fallut me laisser ce soir-là à Behima.

Le lendemain je fus transportée, sur un brancard, à l'hôpital militaire d'Eloued, où je restai jusqu'au 25 février dernier. Malgré les soins dévoués et intelligents de M. le docteur Taste, je sortis de l'hôpital infirme pour le restant de mes jours (2) et incapable de me servir de mon bras gauche pour aucun travail tant soit peu pénible.

Malgré que, lors de mon premier voyage, j'avais eu des démêlés avec le bureau arabe de Touggourth dont dépend celui d'Eloued, — démêlés provoqués uniquement par la

(1) Devant le Conseil de guerre de Constantine il déclara le 18 juin : « Je n'ai pas frappé une Européenne, j'ai frappé une musulmane sous une impulsion divine. »

(2) A la longue, le jeu des muscles s'était rétabli. Isabelle Eberhardt garda de sa blessure une large cicatrice au coude gauche. Elle pouvait se servir de son bras avec un peu de faiblesse.

méfiance de ce bureau — le chef de l'annexe d'Eloued, les officiers du bureau arabe et de la garnison, ainsi que le médecin-major furent pour moi de la plus grande bonté, et je tiens à leur donner un témoignage public de ma reconnaissance.

— Dans cette même lettre, Isabelle Eberhart établit, par un rapprochement de faits, comment il lui a paru qu'Abdallah, son agresseur, n'avait été qu'un instrument entre d'autres mains (1).

« Il est évident, conclut-elle, qu'Abdallah n'a pas voulu me tuer par haine des chrétiens, mais poussé par d'autres personnes, et ensuite que son crime a été prémédité.

« J'ai déclaré à l'instruction que j'attribuais en grande partie cette tentative criminelle à la haine des Tidjanya pour les Kadriya et que je supposais que c'étaient des « haba » ou khouans Tidjanya qui s'étaient concertés pour se débarrasser de moi qu'ils voyaient aimée par leurs ennemis, ce que prouve la désolation des khouans Kadriya quand ils apprirent le crime.

« Quand je passai, portée sur une civière, par les villages des environs d'Eloued, lors de mon transfert à l'hôpital, les habitants de ces villages, hommes et femmes, sortirent sur la route en poussant les cris et les lamentations dont ils accompagnent leurs enterrements. »

⁂

Le fait reste celui-ci :

Le 29 janvier 1901, Isabelle Eberhardt, se trouvant au village de Behima, où elle avait accompagné le mokaddem

(1) Le père de l'accusé déclara devant le Conseil de guerre que son fils lui avait déclaré « qu'il avait été poussé par le cheikh et ses serviteurs, et par un envoyé de Dieu ».

de sa confrérie, fut blessée d'un coup de sabre par un fanatique, Abdallah ben si Mohamed ben Lakhdar, qui ne sut
expliquer son crime que par l'impulsion divine.

A la veille du procès de Constantine, *la Dépêche
Algérienne*, qui suivait attentivement cette affaire, pu-
blia, en date du 18 juin, une nouvelle lettre d'Isabelle
Eberhardt :

Marseille, le 7 juin 1901.

... Je viens vous remercier très sincèrement d'avoir bien
voulu insérer ma longue lettre du 29 mai dernier : je n'en
attendais pas moins de l'impartialité bien connue de *la
Dépêche Algérienne*, qui a toujours fait preuve d'une grande
modération au milieu des violences qui sont malheureuse-
ment devenues une sorte de règle de conduite pour certains
organes algériens.

Cependant, Monsieur, en ce moment où le séjour des
étrangers en Algérie est devenu une question d'actualité, il
me semble que j'ai non seulement le droit, mais même le
devoir de donner quelques explications publiques et franches
à tous ceux qui ont pris la peine de lire ma première
lettre.

... Vous m'avez fait l'honneur tout à fait *immérité*, et que
je ne tiens pas à mériter, de m'attribuer une certaine
influence religieuse sur les indigènes du cercle de Touggourth. Or, je n'ai jamais joué ni cherché à jouer aucun
rôle politique ou religieux, ne me considérant nullement
comme ayant ni le droit, ni les aptitudes nécessaires pour
me mêler de choses aussi graves, aussi compliquées que
les questions religieuses dans un pays semblable.

En 1899, avant de partir pour Touggourth, je crus de mon
devoir d'aller personnellement informer de mon départ le
lieutenant-colonel Fridel, alors chef du cercle de Biskra.

Cet officier, qui me reçut fort bien, me demanda, avec
une franchise toute militaire, si je n'étais pas *anglaise
et méthodiste*, ce à quoi je répondis en présentant au chef
du cercle des documents établissant irréfutablement que je
suis Russe et parfaitement en règle vis-à-vis des autorités

impériales, avec l'autorisation desquelles je vis à l'étranger. J'exposai de plus à M. Fridel mes opinions personnelles sur la question des missions anglaises en Algérie, lui disant que j'ai en horreur tout prosélytisme et surtout l'hypocrisie...

A Touggourth, je trouvai comme chef du Bataillon d'Afrique, en l'absence du commandant, le capitaine de Susbielle, homme d'un caractère tout particulier et, pour employer une expression populaire, « peu commode ». Là encore, il me fallut prouver que je n'étais nullement une *miss* déguisée en arabe, mais bien une *plumitive* russe.

Il me semblerait pourtant que, s'il est de par le monde un pays où un Russe devrait pouvoir vivre sans être soupçonné de mauvaises intentions, ce pays est la France !

M. le Chef de l'annexe d'Eloued, le capitaine Cauvet, homme d'une très haute valeur intellectuelle et très dévoué à son service, a eu, six mois durant, l'occasion de constater *de visu* que l'on ne pouvait rien me reprocher, sauf une grande originalité, un genre de vie bizarre pour une jeune fille, mais bien inoffensif... et il ne jugea pas que ma préférence du burnous à la jupe et des dunes au foyer domestique pût devenir dangereuse pour la sécurité publique dans l'annexe.

J'ai dit, dans ma première lettre, que les Souafa appartenant à la confrérie de Sidi Abd-el-Kader el Djilani et ceux des confréries amies ont manifesté leur douleur quand ils ont appris que l'on avait tenté de m'assassiner.

Si ces braves gens avaient une certaine affection pour moi, c'est parce que je les ai secourus de mon mieux, parce que, ayant quelques faibles connaissances médicales, je les ai soignés pour des ophtalmies, des conjonctivites et autres affections communes dans ces régions. J'ai tâché de faire un peu de bien dans l'endroit où je vivais... c'est le seul rôle que j'aie jamais joué à Eloued.

En ce monde, il y a bien peu de personnes qui n'aient aucune passion, aucune *manie*. Si souvent, pour ne parler que de mon sexe, il est des femmes qui feraient tant de folies pour avoir des toilettes chatoyantes ! Il en est d'autres qui pâlissent et vieillissent sur les livres pour obtenir des diplômes et aller secourir des moujiks... Quant à moi, je ne désire qu'avoir un bon cheval, fidèle et muet compagnon d'une vie rêveuse et solitaire, quelques serviteurs à peine plus compliqués que ma monture, et vivre en paix, le plus loin possible de l'agitation, stérile à mon humble avis, du monde civilisé où je me sens de trop.

A qui cela peut-il nuire, que je préfère l'horizon onduleux et vague des dunes grises à celui du boulevard ?

Non, je ne suis pas une politicienne, je ne suis l'agent d'aucun parti, car, pour moi, ils ont tous également tort de se démener comme ils le font ; je ne suis qu'une originale, une rêveuse qui veut vivre loin du monde, vivre de la vie libre et nomade, pour essayer ensuite de dire ce qu'elle a vu et, peut-être, de communiquer à quelques-uns le frisson mélancolique et charmé qu'elle ressent en face des splendeurs tristes du Sahara...

Voilà tout.

Les intrigues, les trahisons et les ruses de la *Sonia* d'Hugues Le Roux me sont aussi étrangères que son caractère me ressemble peu... Je ne suis pas plus *Sonia* que je ne suis la méthodiste anglaise que l'on a cru voir en moi jadis...

Il est vrai que l'été 1899 fut excessivement chaud dans le Sahara et que le mirage déforme bien des choses et explique bien des erreurs.

Veuillez agréer, etc.

.•.

L'agresseur d'Isabelle Eberhardt fut condamné à vingt ans de travaux forcés, encore qu'elle eût demandé pour lui l'indulgence du conseil de guerre, et, de la façon la plus inattendue, à l'issue de ce procès, un arrêté d'expulsion du territoire algérien fut pris contre elle-même. Sa qualité d'étrangère, sujette russe, rendait possible cette décision administrative.

Devant cet ukase qui bouleversait sa vie, Isabelle Eberhardt put se croire ramenée au régime russe, mais ses plaintes et ses réclamations furent toujours mesurées. Ce fut en vain, d'ailleurs, qu'elle s'adressa à son consulat.

Cette mesure administrative, prise un mois après la démission de M. Jonnart et alors que M. Revoil n'avait pas encore rejoint son poste, ne fut pas accueillie sans protestation dans la presse algérienne. A ce moment nous ignorions la personnalité d'Isabelle Eberhardt, mais, à ne considérer en elle qu'une victime, il nous semblait inadmissible qu'elle fût, elle aussi, condamnée. Dans le journal *les Nouvelles* d'Alger, nous protestâmes, dès le premier moment, contre l'arrêt administratif qui la frappait.

Malgré les démarches d'Isabelle Eberhardt et malgré les protestations de la presse algérienne, on ne se décida pas à rapporter la décision inconsidérée qui rejetait une femme de talent loin du pays qu'elle devait honorer.

Isabelle Eberhardt, exilée, sans ressources, connut à Marseille ses jours de misère les plus durs. Elle dut pour vivre, et malgré l'état de faiblesse où la laissait sa blessure encore mal cicatrisée, s'employer aux travaux du port avec les portefaix italiens. On retrouvera quelque souvenir de ce temps dans son roman *Trimardeur*, qui n'est souvent qu'une transposition de ses aventures.

Grande et bien découplée, d'allure franche, elle travaillait alors comme un jeune garçon — vêtue d'une vareuse de marin — au chargement des bateaux, mangeait son pain sur les tonneaux du quai de la Joliette, et, par manque de tabac, comme elle dit dans une de ses lettres, « fumait au besoin des feuilles de platane ».

.•.

Elle n'avait d'ailleurs pas perdu tout espoir de retourner en Algérie. Par son mariage avec M. Sliman Ehnni,
d'origine indigène, mais fils d'un père naturalisé français,
elle acquit bientôt la qualité de Française et rentra à
Alger, en dépit de ses proscripteurs, par la grande porte
de la naturalisation.

Nous la vîmes venir à nous vers la fin de l'année 1901,
un peu gauche et l'air « collégien pâle » dans son mince
complet de drap bleu, qu'elle devait bientôt quitter pour porter d'une façon constante le burnous des cavaliers arabes

Elle n'avait encore presque rien écrit, mais ses premiers
essais et un petit roman *Yamina*, publié dans un journal
de Bône, nous intéressèrent par des promesses de talent
et, mieux encore, par une grande somme d'observations.

Quelques mois plus tard, le mari d'Isabelle Eberhardt,
qui sortait de l'armée, fut nommé secrétaire indigène de
commune mixte. Les deux époux allèrent habiter Ténès
pendant quelque temps. L'histoire des persécutions que
notre amie eut à souffrir dans cette petite ville algérienne, cruellement divisée sur des questions d'honnêteté
publique, les basses intrigues qui se nouèrent autour de
sa personnalité littéraire, malgré la sympathie et la haute
estime que lui témoignait l'administrateur de la commune mixte, M. Bouchot, font partie d'un incroyable et
véridique roman politique, qui se trouve exposé dans
notre journal *l'Akhbar*.

•.•

Isabelle Eberhardt a indiqué elle-même comment elle
nous suivit à *l'Akhbar*, où elle fut, jusqu'au dernier moment, notre dévouée collaboratrice. C'est là qu'elle publia
ses œuvres de longue haleine : *Trimardeur* et *Sud-Oranais*. Dans le même temps, elle donnait aussi à *la Dépêche*

algérienne, sous forme de nouvelles, des observations minutieuses de la vie indigène qui furent très remarquées. Ce fut la période la plus active de sa vie littéraire.

Au commencement de l'année 1904, elle voulut nous servir de guide et d'interprète dans la région de Figuig Elle nous accompagnait encore, sur un autre point du Maroc, dans le voyage que nous fîmes à Oudjda et sur la frontière.

Au mois de mai 1904, elle quittait Alger pour la dernière fois, après de longues hésitations. Elle annonçait à tous ses amis « qu'on ne la verrait pas toujours, qu'on r ̤ la verrait peut-être plus » — et elle souriait. Elle allait encore dans le Sud-Oranais, avec l'intention de pousser aussi loin qu'elle pourrait et autant que possible jusqu'au Tafilalet.

Elle nous laissait, en partant, ses papiers et sa correspondance.

« Au cas où il m'arriverait malheur, vous débrouillerez tout cela, nous disait-elle en plaisantant, et vous vous en servirez pour composer mon oraison funèbre. »

En toutes choses, même les plus sérieuses, elle affectait ainsi un ton ironique et bon enfant, un peu peuple, qui ne grossissait rien.

Elle avait aussi des mots de pitié russe :

« Il ne faut en vouloir à personne... Nous sommes tous des pauvres bougres, et ceux qui ne veulent pas nous comprendre sont encore plus pauvres que nous.. »

Sa mort, annoncée dans une catastrophe, sembla donner un corps au malheur public et provoqua de vifs élans d'estime et de sympathie.

On put voir alors que les idées dont se réclamait Isabelle Eberhardt avaient aussi des échos.

M. le docteur Mardrus, le savant orientaliste à qui nous devons la précieuse traduction des *Mille Nuits et Une Nuit*, et qui nous donnera bientôt le Korân dans toute sa véhémence, se trouvait en Tunisie avec sa jeune femme, quand ils apprirent la nouvelle de la mort d'Isabelle Eberhardt. Quelque temps auparavant, il avait tenu à nous dire combien les nouvelles algériennes d'Isabelle Eberhardt lui semblaient une chose belle de force et de vérité. A ce moment il put croire, sur la foi d'un renseignement de presse, que notre malheureuse collaboratrice serait enterrée à Bône, près de sa mère, alors que, suivant la volonté qu'elle nous avait exprimée, « elle devait rester à l'endroit où la frapperait son destin ».

La visite qu'il fit avec Mme Lucie Delarue-Mardrus, au cimetière de Bône, se trouve mentionnée en termes émouvants dans une lettre qu'il nous écrivait alors.

— L'épouvantable nouvelle nous parvint en Kroumirie. En même temps, nous apprenions par le même journal que les restes de ce que fut cette âme adorable allaient être transportés à Bône, pour y être inhumés dans le cimetière musulman. Notre résolution fut aussitôt prise. Malgré tous les obstacles et en dé.... de nos projets et de nos travaux, nous traversâmes la Kroumirie et prîmes le train pour Bône.

Nous n'avions pu hélas ! malgré tout le désir, connaître de son vivant cet être choisi. Nous tenions du moins à toucher son tombeau.

A Bône, on nous expliqua que, seule, la mère était là, dans le sol musulman. Et on ne put nous confirmer la nouvelle qui nous avait fait venir jusque-là. Nous allâmes tout de même au cimetière, et, dès l'entrée, cette tombe nous arrêta. Nous demeurâmes là longtemps.

La mère d'Isabelle Eberhardt s'appelait donc :

FATHIMA-MANOUBIA

Elle était, de son vrai nom, Natalie-Dorothée-Charlotte d'Eberhardt.

Nous supposâmes qu'Isabelle viendrait là peut-être, et nous regardâmes la place réservée à côté de sa mère, quelques pouces de terrain en large et en long...

Vous souvenez-vous, mon cher ami, du cri d'admiration que nous poussâmes un jour vers vous, à son sujet ? Et lui en avez-vous transmis l'accent? Oui, n'est-ce pas ? Comme nous l'aimions ! Comme nous souhaitions la connaître, partir avec elle pour le loin ! Quelle révolte fut la nôtre, est plus que jamais la nôtre, de renoncer à cet espoir charmant!

Comme dernier témoignage de notre admiration, de notre douleur, de notre deuil profond, comme unique fleur pour son tombeau, ma femme donnera son témoignage fraternel au *Gil Blas*, prochainement...

En vers admirables et en nobles phrases, Mme Lucie Delarue-Mardrus composa l'éloge funèbre d'Isabelle Eberhardt. Sans l'avoir jamais rencontrée, elle sut évoquer de la façon la plus haute celle qui fut en effet une belle figure de liberté.

Écoutons :

« Apôtre serein, admirable nihiliste, quoique seulement contemplative, écrivain français de race, excellent cavalier arabe, persécutée politique, belle jeune femme... Nous avions appris tout cela par des récits, dès Paris, et l'avions d'avance aimée à travers les paroles des autres, en attendant de la rencontrer quelque part, à l'un des quatre coins de l'Afrique, telle qu'elle nous avait été décrite : adolescent botté de rouge, enveloppé des blancheurs bédouines, cabré et souriant sur son grand cheval sauvage.

« Ceux qui l'ont connue sont frappés, si on peut dire, d'un malheur *qui a un visage*. Nous, nous continuons à errer dans l'invisible. Et cette douleur de l'avoir manquée à jamais nous laisse saisis de trouble, douloureux, comme effrayés. Il semble que son fantôme soit toujours autour de nous qui ne l'avons approchée qu'en esprit ; il semble que la mort nous l'ait donnée toute comme nous ne l'eussions jamais possédée vivante. Aucune déception, aucune gêne humaine ne viennent nous gâter sa légende. Et pourtant, comme un seul regard eût mieux valu que nos songes !...

« On nous avait conté aussi qu'elle avait été, en pleine misère, portefaix, à Marseille, et aussi assaillie dans le Sud, à coups de sabre, par un Arabe fanatisé. Nous savions comment ce drame avait eu des causes mystérieuses, que l'assassinée elle-même n'avait jamais pu tirer au clair ; et nous savions qu'à la suite de cet attentat qui la laissait presque infirme d'un bras, elle avait été expulsée, sans explication, du territoire algérien. Que connaissions-nous encore ? Son goût passionné de la solitude, qui n'était peut-être qu'un grand instinct de fuir l'ignominie des gens, de s'en aller bien loin de l'éternelle incompréhension du mufle dont le stupide sourire ou l'invective odieuse poursuivent ceux qui ont osé s'échapper de la cage sociale et vivre libres en deçà des barreaux du préjugé... Elle partait parfois sur son cheval, toute seule à travers les espaces, et souvent pour de longs jours ; et quelquefois aussi, à bout de tout, elle se levait, des soirs, pour aller se suicider ; puis, regardant tout à coup la beauté du ciel de lune, elle décidait brusquement que la vie valait, malgré tout, d'être vécue.

« Comme nous écoutions avidement ces choses, ignorant encore qu'un jour si proche viendrait où nous aborderions au pays de cette créature d'épopée !

« Maintenant, nous continuons ardemment à interroger tous ceux qui l'ont vue passer. Nous avons lu très peu de ce qu'elle a publié, épars dans des journaux algériens. Mais quelques lignes ont suffi pour remuer en nous une admiration étonnée. Quelle splendide et simple hardiesse, quelle magnifique brusquerie, et, d'ailleurs, quelle prenante monotonie nostalgique ! Cette femme était une source puissante, dont, peut-être, la générosité s'éparpillait trop encore; mais le temps patient l'attendait pour lui enseigner la belle prudence du style qui revient quelquefois sur les pas du premier emportement. Telle quelle, son œuvre est évidemment un décalque de sa vie, donc profondément originale, haute. Peut-être, plus tard, cette œuvre eût-elle dépassé même sa vie ? Elle n'avait que vingt-sept ans.

« Par lambeaux, nous arrachons quelque chose d'elle à des gens de hasard. Les Arabes, qui ne la connaissent que sous le nom de Si Mahmoud Sâadi, nous ont dit avec élan qu'elle était « généreuse ». Ils semblaient l'avoir respectée presque comme un personnage saint. Ils admiraient aussi ses prouesses cavalières, sa science des plus surprenantes fantasias. Il y en a qui nous ont dit qu'elle fumait le haschich, ce qui l'avait rendue « blanche avec pâleur ». Quelques beaux messieurs européens nous ont résumé leur opinion sur elle en déclarant :

« — Une toquée !

« Suivaient des calomnies basses. Et ils achevaient par cette suprême insulte :

« — C'était vraiment *une femme extraordinaire!*

« Enfin, les rares amis dignes qu'elle a eus, à Alger ou ailleurs, en Afrique, ont écrit d'elle qu'elle était « un être surhumain ». Tout concorde donc sans diversion : notre chagrin de sa mort ne nous trompe pas.

« Arrivant ainsi lentement à nous rendre compte de cette personnalité incalculable, nous songeons à l'horreur de sa fin, avec des yeux tout à coup pleins des larmes de la rébellion...

« Cependant il est beau qu'ayant vécu si audacieusement,

celle-ci soit ainsi morte en activité. Au moment où les
eaux ont tourbillonné sur elle pour l'assommer au fond
de cette maison en ruines où on l'a retrouvée, elle
criait à son mari, spahi indigène, qu' « elle savait nager
et qu'elle allait le sauver » ! Ce défi à la mort fut donc
sa dernière parole.

« Maintenant nous songeons à son désir antérieur d'être
enterrée dans le cimetière musulman de Bône, près de
sa mère, et nous nous demandons si elle y sera réellement transférée, si elle reposera un jour à cette place
que nous avons été visiter avec une folle émotion, lieu
de délices mortuaires en face d'une mer bleu-paon sur
laquelle s'alignent des cyprès noirs, et dont les petites
tombes de faïence sont encore des habitations islamiques
propres et tentantes, certaines possédant même une
treille gonflée d'un sombre raisin. Nous avons médité,
assise contre la double inscription, française et arabe,
qui dit que Natalie d'Eberhardt, la mère, est née à
Saint-Pétersbourg, et morte à Bône, et que son nom
devant Allah était Fathima Manoubia...

« Qui étaient ces femmes, dont personne n'a pu nous
fixer la vraie origine ? Quelles choses les ont poussées
vers l'Afrique et vers l'Islam ? Il en est peut-être qui le
savent. Pour nous, cela se perd dans un mystère qu'il
est, d'ailleurs, inutile d'éclaircir. Il nous importe peu de
savoir d'où venait cette Isabelle héroïque...

> Il faudrait les tambours des grandes chevauchées
Ou l'innocent roseau qui s'enroue au désert...
Mais honorer ta fin de mes seuls yeux amers,
Qui pleureront le long des routes desséchées !

Mais t'attendre, malgré la mort, à des tournants,
Quand les nuits sont, au Sud, de palmes et d'étoiles,
Quand les parfums des oasis sont dans nos moelles
Et que l'Islam circule en ses manteaux traînants !

Te regretter, alors que je ne t'ai point vue,
Au moment où mes mains allaient prendre tes mains
Me heurter, moi vivante, à toi, tombe imprévue,
Sans avoir échangé le regard des humains !

Je pense à toi, je pense à toi dans les soirs roses,
Jeune femme, ma sœur, jeune morte, ma sœur !
Tu me parles parmi l'éloquence des choses,
Et ta voix, ô vivante, est pleine de douceur.

Salut à toi, dans la douleur de la lumière,
Où tu vécus d'ivresse et de fatalité !
Le désert est moins grand que ton âme plénière,
Qui se dédia toute à son immensité.

Toi qui n'étais pas lasse encore d'être libre,
D'avoir tant possédé tout ce que nous voulons,
Ni que toute beauté frissonnât par tes fibres
Comme un chant magistral traverse un violon,

Pourquoi la mort si tôt t'arrache-t-elle au monde,
Ne nous laissant plus rien que l'admiration,
Alors qu'il te restait encore, ô vagabonde,
A courir tant de risque et tant de passion ?

Tout se tait. La bêtise immense et l'injustice,
Qui te regardaient vivre avec leurs yeux si gros,
Ne te poursuivront pas, au milieu de la lice,
Du hideux cri de mort qui s'attache aux héros.

Nous irons à présent lui dire qu'il se sauve,
Ton cheval démonté, sans aux quatre horizons,
Pour apprendre ta fin subite au néant fauve
Des Saharas sans bruit, sans forme, sans saisons.

Car toi tu dors, enfin parvenue au mystère
Que ton être anxieux cherchait toujours plus loin,
Enveloppée aux plis éternels de la terre,
Comme dans la douceur d'un manteau bédouin. »

Et c'est encore une autre de ses sœurs, Séverine, qui pleure celle qu'on appela un jour la « Séverine algérienne ».

« Son roman, *Trimardeur*, témoignait d'un précieux talent, livrait le secret de sa pensée profonde, de sa grande âme inassouvie, en mal de beauté et d'équité.

« La voici morte, à vingt-sept ans, dans la fleur de son âge, comme dit la chanson populaire, à l'apogée de son éclosion intellectuelle. Edmond Claris et Victor Barrucand ont salué avec une vibrante émotion celle qui fut leur camarade.

« L'aînée, à son tour, s'incline vers le pauvre petit « oiseau de passage », qui, Russe d'origine, disciple de Bakounine, avocate de l'Islam, relia d'un fil léger et puissant les souffrances du monde slave aux douleurs du monde musulman, la « Maison des Morts » à nos pénitenciers.

« Au jardin des pâles asphodèles, apparais, ombre menue dont j'ignorais le visage vivant, mais mon cœur te reconnaîtra, qui est plein de tristesse fraternelle et s'émeut de ta jeunesse fauchée.. »

Séverine a cru voir dans Isabelle Eberhardt un disciple de Bakounine. Ce point demanderait à être précisé. Sympathique aux révolutionnaires, il ne nous paraît pas que le sentiment des « hommes d'action » ait jamais été complètement le sien. Isabelle Eberhardt s'intéressait beaucoup plus aux mouvements de l'âme qu'aux bouleversements sociaux. Elle n'attendait que peu de beauté et de bonheur d'une société future où l'homme resterait le même. Elle entendait la liberté non par la révolte, mais par l'évasion. Elle ne songeait pas à s'insurger, elle partait. Son sentiment s'exprimait d'un mot qui faisait image : « la Route ! »

Tel est le sens de son roman *Trimardeur*. M. Félix Fénéon l'a fort bien jugé, en disant: « Ce livre est imprégné de nihilisme contemplatif. »

Isabelle Eberhardt est certainement l'écrivain moderne qui a le mieux dit l'inconsciente sagesse arabe et la « philosophie du nomade ». Le désert africain par ses plus beaux soirs fut comme l'illustration de sa pensée.

•*•

Du temps qu'Isabelle Eberhardt habitait Ténès, elle y connut deux excellents écrivains algériens, M. Robert Arnaud, qui exerçait les fonctions d'administrateur-adjoint, et M. Vaissié (Raymond Marival), juge de paix, qui venait de faire paraître un beau roman colonial : *le Cof*.

Il nous paraît bon de joindre à ces notes leur témoignage éloquent et ému :

« — Ce fut un dimanche, dit M. Robert Arnaud, que l'on vendit, sur une place de Ténès, le mobilier et les hardes de celle qui n'avait jamais rien voulu posséder, cette Isabelle Eberhardt dont la mort récente, à Aïn-Sefra, a été une des grandes douleurs de ma vie. Un torrent passa sur la ville; il laissa derrière lui, pêle-mêle, avec l'écroulement des murs de toub et les débris des charpentes grossières en bois d'arâr, le cadavre de l'écrivain le plus mâle et le plus sincère du bled algérien. Un an auparavant elle habitait encore Ténès, où son mari, ancien maréchal des logis de spahis, puis de hussards, était khodja de la commune mixte. Là, je la voyais quasi chaque jour, elle portait avec élégance l'ample costume du cavalier arabe qui seyait à sa haute taille; mais,

sous le turban ceint de cordes, le visage, très doux, était
d'un adolescent et le sourire était d'un gosse. Elle entrait
dans mon bureau s'asseyait, jambes croisées, sur une
natte, observait le va-et-vient des fellah et des bergers
qui me contaient leurs misères, écoutait l'interminable
histoire de leurs démêlés avec l'administration, avec les
caïds, avec les colons, avec les malfaiteurs ; elle notait
un geste, une attitude, une flexion de voix ; puis, au café
maure où elle allait passer de longues heures, elle con-
versait avec les meskines, les confessait, recueillait le
récit des drames de la montagne, s'attendrissait sur les
dénis de justice, réconfortait les malheureux, partageait
avec eux son morceau de pain, soignait les blessés et les
malades. Son désintéressement fut toujours absolu : cette
jeune Russe, née et élevée parmi les nihilistes réfugiés à
Genève, avait en elle du sang d'apôtre : elle considérait
la France, sa patrie adoptive, comme la grande idée révo-
lutionnaire du monde, et lorsqu'elle parlait d'elle aux
indigènes, c'était pour la leur faire aimer et respecter.

« Sa qualité de musulmane lui permettait encore de
mieux comprendre que nous l'âme du paysan berbère ; on
la saluait, tel un marabout vénéré, lorsqu'à cheval elle
traversait un douar ; nul n'ignorait son sexe, mais si
belle est la délicatesse innée en le montagnard le plus
farouche, que jamais, dans les assemblées ou dans les
fêtes auxquelles elle se rendait, nul ne fit allusion à son
déguisement ; on s'abstenait seulement de prononcer
devant elle des paroles familières mais obscènes.

« Son existence fut une épopée ; un jour elle prie avec
les frères de l'ordre des Kadrya, à El-Oued, le lendemain
elle chasse la gazelle dans les dunes, un autre jour un
fou fanatique tente de l'assassiner, et lui entaille le crâne
et les épaules à coups de sabre. Tantôt elle s'attarde à
muser avec les étudiants dans quelque zaouïya ou chez
son amie Lalla Zineb, la maraboute de Bou-Saâda, tantôt

elle se donne entière au bled, le parcourt au hasard, couche au besoin à la belle étoile, se nourrit de galette d'orge et de berboucha. On l'aperçoit dans le Tell, mais elle n'y séjourne guère, happée par l'attrait des plaines immenses de l'Extrême-Sud. Elle disparaît soudain, on la retrouve docker à Marseille, ou étudiante en médecine à Genève, ou reporter ailleurs. Et qu'on ne la suppose pas une névrosée ou une déséquilibrée d'espèce quelconque! La vie lui fut impitoyable, et elle vivait avec le moment, avec l'heure qui fuit, sans un regret du passé, sans le souci de l'avenir; l'âme cosaque qui survivait en elle lui répétait les chevauchées, les combats, les aventures des aïeux; elle avait conservé leur bel optimisme, leur confiance dans la fatalité, leur bonne humeur. Je la vis sans pain, sans ressources, ruinée par des gens vils et lâches, et toujours gaie de sa jeunesse et de sa bonté. Elle était femme avant tout.

« D'ailleurs elle adorait son mari, Si Ehnni, se dévoua pour le sauver, lors de l'inondation qui la noya. Je lui demandais ce qu'elle ferait si elle avait un enfant. « Je renoncerais à mes voyages; les femmes russes sont toujours de bonnes mères de famille, mais... je ne voudrais pas être mère ! »

« Son œuvre, uniquement consacrée à l'Afrique du Nord, est éparpillée dans des journaux et des revues; au seul *Akhbar*, fondé par son ami Victor Barrucand, elle collabora avec assiduité; ce fut là qu'elle publia son unique roman, *Trimardeur*, demeuré inachevé et dont on a récemment découvert la fin dans les boues de sa maison d'Aïn-Sefra; ce fut là que parurent ses *Impressions du Sud-Oranais*, si belles de lumière et de grouillements humains; elle s'y révéla inégalable par sa vaste compréhension des êtres de la brousse, avec lesquels il faut être d'âme pour pouvoir les restituer dans leur sauvage énergie.

« Il faut aimer les espaces sans limites où rampent les
dunes et meurent les roches, car seul un amant peut
jouir des savantes délicatesses de leurs ombres, des
nuances fugitives de leur robe lumineuse: c'est le règne
du violet sous la gloire des horizons où, le soir, lentement, la pourpre de l'Orient se mue en lilas toujours
plus clair traversé par intervalles d'avalanches de poussières écarlates et de rayons vert-de-grisés; et le soleil disparu derrière le mamelonnement voluptueux des sables,
c'est encore une dernière éruption de bolides enflammés
qui zèbrent le ciel déjà alangui par la tiédeur lunaire;
une nappe de sang s'écoule pesamment le long des dunes
les plus hautes; une énorme boucherie ruisselle de tous
les côtés, comme si l'on sacrifiait à la mort du moloch la
vie qu'il engendra pendant le jour. Et, au loin, sur le
haut lieu où repose le marabout protecteur de la région,
retentit l'appel sonore des annonciateurs de la prière.
Alors la conscience confuse du fellah s'épand dans l'agonie
de la lumière et discerne obscurément que sa misère et
sa douleur sont une parcelle infime de la beauté du
monde. Et comme il sait que le Rétributeur le sait, il
se redresse et va, heureux du mal de vivre, contempler,
sous les palmiers du café maure, les danses sacrées des
Naïlet. Parmi tels paysages se complaisait Isabelle
Eberhardt; sa grande originalité fut de les peupler de vrais
bonshommes, d'êtres adéquats à leur milieu et révélés
dans leur pensée, dans leurs mœurs, dans leurs vices.

« Leur psychologie est compliquée; ils sont loin, ainsi
que les décrivent les écrivassiers plus ou moins orienta-
listes, d'être tout d'une pièce; ils mangent avec leurs
doigts, c'est vrai, mais avec politesse et toujours en cé-
rémonie; ils ont un tact et une science des nuances que
nous n'avons jamais possédés; ils vont jusqu'au bout de
leurs passions, en souffrent et en meurent parfois, mais
mieux que nous; ils mentent comme Odysseus mentait,

parce qu'un homme doit avoir deux qualités : être brave
et savoir dissimuler sa pensée ; mais ils ne se fâchent pas
d'être devinés. Aussi un Européen n'est-il jamais apte à
comprendre un nomade ; dans le désert tout étranger est,
à priori, un ennemi et est traité comme tel ; on ne peut
y pénétrer en sûreté que si l'on est soi-même un nomade ; et il faut avoir longtemps habité sous la tente
pour arriver à ces constatations.

« Comme elle connaissait à fond les gens du bled, Isabelle a pu écrire quantité de nouvelles où jamais un personnage ne répète un personnage ; dans un style net,
incisif, souvent brutal, elle décrivait leurs labeurs et
leurs peines, et atteignait sans efforts à de puissants
effets dramatiques. Le gourbi obscur et enfumé où, devant les métiers à tisser, bavardent les épouses aux
joues tatouées, tandis que braille un marmot suspendu
au cou de sa mère, et que la vieille surveille, dans un
coin la marmite où mijote la cheurba, — le champ mal
labouré dont la récolte est à la merci du siroco ou de la
gelée, — le champ où s'éparpillent les figuiers et les
pieds de sorgho, — les troupeaux égaillés dans le lit des
oueds, — les usuriers fauteurs de rahnias ruineuses, les
jeunes gens séduits par l'idée de la guerre et courant
s'engager à la ville voisine, — la famille disloquée par le
voisinage des colons, — l'invasion de l'alcoolisme dans
les tribus : voilà les thèmes favoris sur lesquels brode la
merveilleuse fantaisie d'Isabelle Eberhardt. Elle a pitié,
elle aime et elle partage. Elle donne sans compter, aux
misérables, son temps et ses maigres ressources ; une
fois, elle recueillit chez elle un vieil infirme abandonné
par ses parents et ses amis, et qu'elle avait découvert, à
demi mort de faim et de soif, dans un gourbi ; elle le
nourrit, le pansa, s'entremit pour lui faire obtenir de
ses parents une pension alimentaire, fut pour lui plus
amie que protectrice ; quand il fut sauvé, elle ne s'occupa

plus de lui, car elle savait que la reconnaissance est une vertu antisociale.

« Par un après-midi ensoleillé, nous suivions le chemin du littoral, revenant de visiter notre ami l'ingénieur Paul Régnier, le gendre d'Élisée Reclus. Nous avions quitté de bonne heure l'admirable ferme-modèle qu'il a créée à Tarzout ; le sentier suivait des falaises toisonnées de broussailles épaisses, la mer se brisait à cinquante mètres au-dessous de nous, sur des roches rougeâtres, qui s'auréolaient d'écumes frémissantes ; les arêtes rousses des caps échelonnés devant nous trempaient dans de la vapeur bleue et paraissaient demi-fluides et imprécises ; la région était déserte, le calme puissant des végétaux berçait le pas de nos chevaux ; je remarquai la tristesse soudaine d'Isabelle Eberhardt : « Oh ! murmura-t-elle, je n'aimerais pas mourir dans ce pays ! Il y a trop d'arbres ! » Elle était née pour la dune et pour l'espace, et souhaitait de sourire au grand soleil, à son dernier soupir...

« — Un ciel gris passait sur la ville, ce matin-là, et semblait pleurer des larmes de suie ; le cœur serré, j'assistai, seul ému au milieu de l'indifférence cupide des acheteurs, à la vente des effets et des meubles de celle qui fut la bonne nihiliste des légendes. Et il me plut d'acquérir l'encrier, encore à moitié plein, de l'écrivain parti sans avoir encore dit toute sa pensée. Et je pleurerai toujours l'amie douce... »

.˙.

En parlant d'Isabelle Eberhardt, M. Raymond Marival écrit dans une note émue :

« — Je me souviens de notre première rencontre.

« Elle eut lieu dans un site charmant, sous des pins où bruissait le vent léger.

« Isabelle arriva la dernière au rendez-vous. A travers le réseau du feuillage, j'aperçus sa jument blanche qui se cabrait. Puis une voix monta dans le soir tranquille :

« Ziza ! (chérie) ».

« Le soleil au déclin déployait son éventail pourpre au-dessus des flots. La Méditerranée s'apaisait. Les vagues, près du cap doré, se faisaient calmes. L'une après l'autre, toutes s'approchaient avec des révérences de marquises.

« Si Ehnni nous présenta. Isabelle me tendit sa main fluette. Puis un silence pesa. Elle se tourna vers la mer et contempla la première étoile qui apparaissait à l'Orient.

« La nuit était venue. On alluma des torches et, couchés en rond sur la plage, nous savourâmes le couscous qu'elle avait roulé de ses mains. Le cœur d'Isabelle était toujours prêt à se répandre. Quelques mots échangés, plusieurs idées communes nous rapprochèrent vite. Je lui exprimai tout de suite ma pitié des humbles et des fellahs ; elle me sourit comme à un vieil ami, et dès ce moment je vis son âme limpide transparaître au fond de ses yeux.

« Des entrevues qui suivirent je ne veux retenir qu'une seule. Elle remonte à quinze mois à peine. Ce fut l'une des dernières.

« Quelques envieux avaient ouvert contre Isabelle une campagne immonde. Il y a des gens qu'il faut plaindre Ces misérables font le mal comme d'autres respirent, aussi inconscients que cette princesse des vieux contes, dont chaque parole engendrait un crapaud. L'âme ingénue d'Isabelle ne connaissait pas la rancune. A chaque coup qui la blessait, elle levait plus haut le front, secouant les pans de son burnous, et c'était tout.

« Derrière la maison que j'habitais à cette époque, s'ouvrait un jardin clos d'une palissade ; une treille, un figuier sauvage, quelques rosiers fleuris en faisaient tout l'ornement. Les rumeurs de la ville n'arrivaient pas jusque-là. On y entendait seulement la plainte confuse de la mer et celle des grands goëlands qui tournoyaient dans le ciel avec des cris lamentables.

« Isabelle aimait cette retraite. Elle avait accoutumé d'y venir presque chaque soir. Assise sur un banc de pierre, les jambes croisées, les yeux rêveurs, elle fumait silencieusement de pâles cigarettes parfumées au musc. Le soir dont je parle, le crépuscule l'y surprit ; des noctuelles voletaient autour de la lampe. Soudain, dans l'ombre indécise, je crus entendre un sanglot. Les coudes aux genoux, la tête dans ses mains, Isabelle pleurait.

« Qu'avez-vous, lui dis-je, qu'avez-vous, Si Mahmoud ? »

« Elle souleva à regret sa face humide et fixa sur moi des yeux de détresse, des yeux hagards de bête traquée. Cela dura l'espace d'un éclair. Comme je m'approchais, un peu inquiet de cette défaillance, je ne vis plus sur son visage que ce masque un peu froid d'insouciance sereine qu'elle opposait à ses disgrâces.

« O Isabelle ! petite sœur que nous pleurons, vous voilà maintenant disparue. D'autres célébreront votre talent d'écrivain. J'ai voulu pour ma part évoquer pieusement deux instants de votre vie et, au bouquet offert à votre mémoire, joindre ces deux fleurettes bleues en témoignage d'amical et fraternel souvenir. »

∴

Quelques jours avant la catastrophe d'Aïn Sefra, Isabelle Eberhardt nous annonçait l'envoi d'un manuscrit d'impressions du Sud-Oranais, nous priait de le revoir et d'en écrire la préface, où sa vie et ses idées seraient expliquées. Ce livre, dans son intention, devait être dédié au général Lyautey, qui avait favorisé ses observations.

Le manuscrit ne nous fut pas expédié à temps et disparut dans la catastrophe. Des fouilles furent faites, au lendemain de l'inondation qui avait détruit une grande partie du village, dans les décombres de la petite maison habitée par Isabelle Eberhardt, pour y retrouver son corps, car on était resté pendant deux jours incertain de sa mort et elle avait été tout d'abord portée comme disparue. Au pied de l'escalier, sous un pan de mur écroulé, on retrouva sa dépouille mortelle et non loin de là un manuscrit de son roman *Trimardeur.*

C'était la première ébauche d'une œuvre dont la publication avait été commencée dans l'*Akhbar*, le 9 août 1903, poursuivie jusqu'au 1er novembre, reprise le 17 janvier 1904 et menée jusqu'au 10 juillet.

Cette ébauche n'était point conforme à la version en cours de publication. Elle nous permit cependant, avec quelques additions et retouches, de terminer le roman. On retrouvera la fin de ce *Trimardeur*, portant sur des chapitres algériens, en quatre numéros de l'*Akhbar*, du 13 novembre au 4 décembre 1904, avec un portrait de l'auteur fait à Beni-Ounif de Figuig, quelques mois auparavant.

L'ensemble du roman comporte 38 feuilletons.

.*.

Une autre œuvre d'Isabelle Eberhardt, *Sud-Oranais*, de vastes proportions, avait été commencée dans notre journal avec l'année 1904, et poursuivie jusqu'au 5 juin.

Cette œuvre se compose d'une suite de tableaux fortement observés pendant le premier séjour d'Isabelle Eberhardt dans le Sud-Oranais, sur la fin de 1903.

A cette époque, notre vaillante amie revint à Alger par
Aïn-Sefra, Géryville et les Hauts-Plateaux jusqu'à Ber-
rouaghia, point terminus de la voie ferrée de l'Ouest-Al-
gérien dans le département d'Alger. Elle accomplit ce
rude voyage au mois de décembre, dans des régions où
les nuits, à cette époque, sont déjà glacées et où l'on ne
rencontre ordinairement aucun autre abri que la tente
des nomades. Elle voyageait seule, de poste en poste, es-
cortée seulement d'un mokhazni et de son chien noir
et hirsute : « Loupiot ».

En deux numéros de l'*Akhbar* du mois de juin 1904,
Isabelle Eberhardt avait commencé à narrer ses impressions monotones et larges par cette route désolée des
Hauts-Plateaux. Elle nota encore brièvement, pendant ce voyage, les mélopées de nomades que nous avons
traduites dans les « Choses du Sahara ».

La nostalgie du Sud devait la ramener avec nous à
Figuig en février 1904, et, de nouveau, seule, à Aïn-Sefra,
au commencement du mois de mai. Elle descendit ensuite
à Beni-Ounif, à Béchar, et passa de longues semaines
d'été dans la zaouïya marocaine de Kenadsa.

C'est là, et plus tard à Aïn-Sefra où la fièvre l'avait
contrainte à revenir en attendant la saison d'hiver, qu'elle
reprit ses premières impressions du Sud-Oranais et
qu'elle les compléta d'une deuxième partie.

L'ensemble du manuscrit comportait environ 230 pages,
dont une centaine pour la deuxième partie.

.•.

Retrouvé dans les fouilles, qui furent menées avec beaucoup de soin et d'attention par le lieutenant Pâris, ce
manuscrit, après un séjour de plusieurs semaines dans
la terre mouillée, était en partie détruit et très friable. Il

ne présentait plus aucune suite. Pour en raccorder les fragments, nous avons été amené, en reprenant toute la rédaction, à les relier entre eux par des réflexions empruntées à la correspondance d'Isabelle Eberhardt, à ses papiers, à ses cahiers de notes et le plus souvent librement inspirées de nos longues causeries et de notre collaboration fraternelle.

Nous avons cru devoir séparer des premières impressions générales du Sud-Oranais — écrites dans une manière plus objective — les pages marocaines de Kenadsa, et à cette suite nouvelle nous avons donné un titre nouveau : *Dans l'Ombre chaude de l'Islam.*

On voit quelle a été dans ce livre notre part de colla boration.

Cette méthode de reconstitution était la seule qui nous permit de sauver d'un enterrement définitif les fragments de scènes sahariennes que nous avions entre les mains.

D'une façon générale, toute la documentation pittoresque et scénique du livre posthume est de l'écriture d'Isabelle Eberhardt. Nous avons, de plus, placé l'auteur dans son œuvre.

Les réflexions que nous lui avons prêtées sont celles qui expliquent sa vie et son caractère.

Cette « explication de sa psychologie », qu'elle nous demandait quelques jours avant sa mort, nous avons été amené à la fondre dans son propre texte et à faire revivre ainsi pieusement notre amie, en ressemblance à l'image que nous en avions gardée.

Il y a certainement dans cette manière de peindre un peu de roman, très peu.

.•.

Les « Choses du Sahara » et les « Heures de Tunis »
ont été terminées sur les papiers qu'Isabelle Eberhardt
nous laissa en partant à Aïn-Sefra. — La première partie
des « Heures de Tunis » avait paru, en juillet 1902,
dans *la Revue blanche.*

Les « Choses du Sahara » sont relatives pour la plupart au Sahara constantinois. Nous y avons ajouté les
pages inédites du manuscrit du « Sud-Oranais », qui restaient intactes et qui n'entraient pas dans le plan nouveau de *l'Ombre chaude de l'Islam.*

Le chapitre intitulé « Joies noires » s'est trouvé conservé, par le soin qu'Isabelle Eberhardt avait pris, peu de
jours avant sa mort tragique, de l'envoyer en variété
littéraire à la *Dépêche Algérienne.* Datées d'Aïn-Sefra,
septembre 1904, ces pages sont, sans doute, les dernières
qu'Isabelle Eberhardt ait écrites.

V. B.

TABLE DES MATIÈRES

DANS L'OMBRE CHAUDE DE L'ISLAM

CHOSES DU SAHARA

HEURES DE TUNIS

NOTES

4862. — TOURS, IMPRIMERIE E. ARRAULT ET Cⁱᵉ.